하나님을 섬기며 마음의 천국을 누리는

새 언약의 천국 복음

웃음천사와 함께 행복 만들기 6 | 설교집 [1]

새 언약의 천국 복음

초판 1쇄 인쇄일 2021년 8월 10일
초판 1쇄 발행일 2021년 8월 20일

지은이 권영세
펴낸이 양옥매
디자인 임흥순 송다희

펴낸곳 도서출판 책과나무
출판등록 제2012-000376
주소 서울특별시 마포구 방울내로 79 이노빌딩 302호
대표전화 02.372.1537   **팩스** 02.372.1538
이메일 booknamu2007@naver.com
홈페이지 www.booknamu.com
ISBN 979-11-6752-016-6 (03230)

하나님을 섬기며 마음의 천국을 누리는

새 언약의 천국 복음

웃음천사와 함께 행복 만들기 6 | 설교집 [1]

권영세 지음

책과나무

● **고윤재 목사** 총신대 신학대학원, (전) 삼천포중앙교회 담임, (현) 중국선교사

성경이 처음 쓰일 때는 파피루스에 기록하였다고 합니다. 기록하기도 힘들었고 읽기도 힘들었고 보관하기도 힘들었을 것입니다. 그런데 문명이 발달한 지금은 성경이 너무 흔해서 짐이 되고 있는 실정입니다.

하나님께서 인류를 구원하시기 위해 말씀하신 것을 기록한 것이 성경인데, 세상은 점점 더 악해져만 가니 하나님의 마음은 어떠하실까 생각해 봅니다.

왜 이러한 현상이 일어날까요?

첫째는 성경이 하나님의 말씀이라는 것을 믿지 않기 때문입니다.

둘째는 하나님의 말씀보다 현실적인 맘몬(돈)을 더 귀하게 여기기 때문입니다.

셋째는 하나님의 말씀을 전하고 가르쳐야 할 교회가 사명을 감당하지 못하고 있기 때문입니다.

교회는 하나님께서 독생자의 피의 값으로 사신 공동체입니다. 교회

는 하나님의 사랑으로 세상에서 빛과 소금의 역할을 감당하며 하나님의 말씀을 전하고 가르치는 곳입니다.

그런데 수많은 교회들이 하나님의 말씀을 전하고 가르침에도 불구하고 세상이 빛이 아닌 어두움으로 변해 가고 있는 것은 왜일까요?

그 답은 교회들이 예수님이 전하신 천국 복음이 아닌 다른 복음을 전하고 있기 때문입니다.

예수님은 우리를 구원하시려고 하늘 보좌를 버리시고 이 땅에 오셔서 천국(하나님 나라) 복음을 전하셨습니다(마4:23, 마9:35, 눅4:43, 눅16:16).

사도 바울과 베드로를 비롯한 예수님의 제자들도 천국 복음을 전하였습니다.

그렇다면 우리도 천국 복음을 전해야 합니다. 왜냐하면 이 천국 복음이 온 세상 모든 민족에게 전해져야 주님이 강림하시는 마지막 때가 오기 때문입니다(마 24:14).

권영세 목사님은 총신대 신학대학원에서 공부할 때 만나서 30여 년을 함께한 동역자입니다. 권 목사님이 "팥으로 메주를 쑨다."고 해도 믿을 만한 신실한 동역자입니다.

권 목사님이 질병의 고통 등 많은 시련을 겪을 때 만나 주신 하나님, 권 목사님을 사랑하셔서 천국 복음을 깨닫게 하시고 천국 복음의 나팔수로 사용하시는 하나님을 찬양합니다.

추천사를 쓰는 저 또한 하나님의 은혜로 천국 복음을 깨달은 후, 쉬지 않고 이 복음을 전하고 있습니다.

　사랑하는 친구요 동역자인 권 목사님이 천국 복음을 전하기 위해 책을 출간하신다 하니 기쁘고 벅찬 마음으로 추천하는 바입니다.

　이 천국 복음이 선포되는 곳마다 성령님께서 역사하셔서 많은 생명들이 살아나는 일들이 곳곳에서 나타나기를 기도합니다.

● **신동산 박사**(D.Min.) (사)한국요양선교회 회장/이사장

먼저 권영세 목사님의『새 언약의 천국 복음』설교집 출간을 축하드립니다.

하나님께서 지난 2016년 3월에 세워 주신 한국요양선교회는 괄목할 만한 성장을 거듭하면서 주님의 은혜와 사랑으로 2020년 1월에 사단법인으로 승인되었고, 권영세 지도목사님을 초빙하여 새롭게 도약하고 있습니다.

회원님들의 아낌없는 수고와 헌신으로 설립된 (사)한국요양선교회는 지난 2020년 가을에는『큰 글씨 찬송가』1만 부를 출간하여 전국 요양 시설에 무료로 배포해 어르신들과 함께 널리 은혜로운 찬양을 하고 있습니다.

그동안 권영세 지도목사님께서 매주 3편씩 복음 메시지를 온라인 강좌로 진행해 주신 것을 설교집으로 출간하게 되어 감사드립니다.

권 목사님은 고려대 평생교육원을 비롯해 여러 대학 사회교육원 등 다양한 곳에서 강의 활동을 하고 계시고, 법무부와 국방부 교정교육

위원, 웃음행복대학 대표, 교정교육선교회 목사, (사)한국요양선교회 지도목사로 사역하시며, 행복을 전파하는 다수의 저서를 출간하였습니다.

이러한 인격과 신앙과 신학을 겸비한 목회자로서 앞으로 다양한 강의를 통해 선교사역에 헌신하실 것입니다.

아울러 금번에 출간되는 『새 언약의 천국 복음』 설교집을 통해 천국 복음이 힘 있게 전파되어 심령 천국, 가정 천국, 교회 천국이 이루어지기를 소망하며 독자들에게 일독을 적극 추천합니다.

한국의 모든 요양시설에서 예배하는 그날까지….

우리는 지금 설교 홍수 시대에 살고 있습니다. 인터넷 방송, 유튜브, 설교 사이트, 설교집 등에 설교가 넘쳐납니다. "홍수 가운데 마실 물이 없다."는 속담이 있고, 찬송가에는 "외치는 자 많건마는 생명수는 말랐다."고 했습니다. 왜 이러한 현상이 일어날까요?

아모스 8장 11-13절에 "주 여호와의 말씀이니라. 보라 날이 이를지라. 내가 기근을 땅에 보내리니 양식이 없어 주림이 아니며 물이 없어 갈함이 아니요, 여호와의 말씀을 듣지 못한 기갈이라. 사람이 이 바다에서 저 바다까지, 북쪽에서 동쪽까지 비틀거리며 여호와의 말씀을 구하려고 돌아다녀도 얻지 못하리니 그날에 아름다운 처녀와 젊은 남자가 다 갈하여 쓰러지리라."고 하셨습니다.

설교 홍수 시대인데 왜 여호와의 말씀을 듣지 못하는 기근과 기갈에 비틀거리며 말씀을 구하려고 이곳저곳 방황할까요?

그 이유는 다른 복음인 율법과 윤리, 도덕, 인본주의, 기복사상이

범람하기 때문입니다. 그것은 복음이 아니요 생명의 말씀도 아니며, 생명수가 아닙니다. 그러므로 영적으로 갈급한 것입니다.

그렇다면 예수님이 전한 복음이 무엇인가요?
예수님이 전한 복음은 천국 복음입니다(마4:23, 마9:35). "이 천국 복음이 모든 민족에게 증언되기 위하여 온 세상에 전파되리니 그제야 끝이 오리라(마24:14)."고 했습니다.

하나님은 추천사를 써 주신 고윤재 목사님을 통해 천국 복음을 깨닫게 하시고, 이 새 언약의 천국 복음을 전하게 하셨습니다.
목회자의 사명은 무엇입니까? 주님이 전하신 천국 복음을 전하는 것이요, 불신자로 하여금 천국이신 예수님을 영접하여 주님과 한 생명되고, 한 몸 되어 심령 천국 누리며 살다가 영원한 천국에 들어가게 하는 것입니다. 이것이 바로 새 언약의 천국 복음입니다.

이 설교집을 통해 천국 복음이 확산되고 생명 낳는 역사가 곳곳에서 일어나기를 소망하며, 출간을 위해 영감과 지혜를 주신 하나님께 모든 영광을 돌립니다.

새 언약의 천국 복음 섬김이

권영세 목사

목차

추천의글 1 · 4

추천의글 2 · 8

머리말 · 10

1장   언약의 복음

01. 하나님은 어떤 분이신가? · 16

02. 인간 창조 · 20

03. 죄의 본질 · 24

04. 옛 언약 · 29

05. 새 언약 · 34

06. 옛 언약과 새 언약 · 39

07. 율법과 복음 · 44

08. 율법으로 산다는 것은? · 48

09. 새 언약의 천국 복음 · 52

10. 하나님의 이름이 머무시는 곳 · 56

2장   예수 생애 복음

01. 탄생의 복음

02. 성육신의 복음 · 66

03. 공생애의 복음 · 70

04. 십자가의 복음 · 75

05. 장사 지냄의 복음 · 80

06. 부활의 복음 · 84

07. 승천의 복음 · 88

08. 다시 오심의 복음 · 91

09. 임마누엘의 복음 · 95

10. 강림의 복음 · 99

11. 천년왕국의 복음 · 103

12. 새 예루살렘의 복음 · 108

3장 천국 복음

01. 천국 복음 • 114

02. 예수님이 전한 복음 • 120

03. 하나님 나라(천국) • 125

04. 하나님의 비밀 • 129

05. 이 땅에 오신 예수님 • 134

06. 예수 그리스도가 천국입니다 • 139

07. 천국으로 오신 예수님의 삶 • 144

08. 천국의 비밀 • 149

09. 내 안에 삼위 하나님이 계십니다 • 155

10. 천국의 삶 • 161

4장 영생의 복음

01. 영생의 복음 • 166

02. 예수님의 마음 • 170

03. 구원론 • 175

04. 교회론 • 180

05. 안식론 • 184

06. 거짓 선지자들 • 188

07. 신자란 예수님처럼 사는 자 • 193

08. 만물의 마지막이 가까웠으니 • 197

09. 하나님의 뜻 • 202

10. 하나님 나라에 들어가는 자 • 206

5장 절기 복음

01. 신년 주일 • 212

02. 종려 주일 • 216

03. 부활절 • 220

04. 어린이 주일 • 224

05. 어버이 주일(1) • 228

06. 어버이 주일(2) • 233

07. 맥추절(오순절) • 238

08. 추수감사절 • 243

09. 성탄절 • 247

10. 송년 주일 • 252

1장   언약의 복음

01

하나님은 어떤 분이신가?

| 본문 | 창1:1

어떤 로마인이 랍비를 찾아와 말했습니다. "당신들은 하나님만 이야기하는데, 대체 그 하나님이 어디에 있는지 가르쳐 주시오. 하나님을 볼 수만 있다면 나도 하나님을 믿겠소."

이 말을 들은 랍비가 로마인을 데리고 밖으로 나가서 태양을 가리키며 말했습니다. "저 태양을 똑바로 쳐다보시오."

그러자 로마인은 태양을 순간 쳐다보고는 소리쳤습니다. "아니, 저렇게 강렬한 태양을 어떻게 쳐다보란 말이오?"

그러자 랍비는 "하나님께서 창조하신 많은 것들 가운데 하나인 태양조차도 똑바로 바라볼 수 없다면, 어떻게 상상할 수 없이 더 크고 위대하신 하나님을 당신의 눈으로 볼 수 있겠소."라고 말했습니다.

오늘은 '하나님은 어떤 분이신가?'라는 제목으로 말씀드리겠습니다.

새 언약의 천국 복음

1. 하나님은 어떤 분이신가?

1) 하나님은 영이십니다.

요4:24절에 "하나님은 영이시니 예배하는 자가 영과 진리로 예배할 지니라."고 했고, 요1:18절에는 "본래 하나님을 본 사람이 없으되 아버지 품속에 있는 독생하신 하나님이 나타내셨느니라."고 했습니다.

하나님은 영으로 계십니다. 하나님은 우리 사람과 같은 물질적 존재가 아니라 영적인 존재입니다. 그러므로 하나님은 눈으로 볼 수 없고 손으로 만질 수도 없습니다. 하나님은 어떤 부분을 이루는 형체를 가지고 계시지 않습니다. 그러므로 하나님은 어떤 제약을 받지 않고 자유하십니다.

2) 하나님을 볼 수 없으나 하나님은 존재하십니다.

요1:18절에 "본래 하나님을 본 사람이 없으되", 딤전6:16절에 "오직 그에게만 죽지 아니함이 있고 가까이 가지 못할 빛에 거하시고 어떤 사람도 보지 못하였고 또 볼 수 없는 이시니 그에게 존귀와 영원한 권능을 돌릴지어다."라고 했습니다. 성경은 오직 하나님이 존재한다는 긍정적인 사실로부터 시작합니다(창1:1).

성경은 하나님의 존재를 증명하려고 하지 않습니다. 다만 하나님이 없다는 자를 어리석은 자라고 단호히 말합니다. "어리석은 자는 그 마음에 이르기를 하나님이 없다 하도다"(시14:1). 철저한 무신론자들은 "하나님이 어디 있느냐? 있다면 보여 주고 증거를 대 보라."고 우리를 다그칩니다.

그렇다면 저들에게 먼저 "하나님이 없다는 증거를 대 보라."고 대답해 보세요. 엄연히 있는 걸 없다고 할 증거는 아무것도 없습니다. 공기와 바람, 그리고 사람의 마음이 보이지 않는다고 해서 우리가 숨 쉬며 사는 것, 나뭇잎이 흔들리는 것, 사람에게 기쁨과 슬픔과 양심이 있다는 이 모든 사실을 어찌 부인할 수 있습니까?

3) 하나님은 말씀으로 세상을 창조하신 분이십니다(요1:1-3).

4) 하나님의 형상을 따라 사람을 창조하신 분이십니다(창1:26-27).

5) 하나님은 내 인생의 주인이십니다(히3:4, 사43:1).

2. 그 하나님은

1) 하나님은 나의 아버지이십니다.
빌4:19-20절에 "나의 하나님이 그리스도 예수 안에서 영광 가운데 그 풍성한 대로 너희 모든 쓸 것을 채우시리라. 하나님 곧 우리 아버지께 세세 무궁하도록 영광을 돌릴지어다."라고 했습니다.

2) 그 하나님이 내 안에 계십니다.
요14:20절에 "그날에는 내가 아버지 안에, 너희가 내 안에, 내가 너희 안에 있는 것을 너희가 알리라."고 했고, 빌2:13절에 "너희 안에서 행하시는 이는 하나님이시니 자기의 기쁘신 뜻을 위하여 너희에게 소원을 두고 행하게 하시나니…"라고 했습니다.

3) 이것이 새 언약입니다.

하나님이 내 안에 들어오시는 것입니다. 나를 성전 삼고 나와 한 생명 되고 천국 되어 살게 하십니다. 히13:5-6절에 "…그가 친히 말씀하시기를 내가 과연 너희를 버리지 아니하고 과연 너희를 떠나지 아니하리라 하셨느니라. 그러므로 우리가 담대히 가로되 주는 나를 돕는 자시니 내가 무서워 아니하겠노라 사람이 내게 어찌하리요 하노라."고 했습니다.

결론적으로 말씀드리겠습니다.

하나님은 영이십니다. 그러므로 육신의 눈으로는 볼 수 없습니다. 하나님은 말씀으로 세상을 창조하신 분이십니다. 하나님의 형상을 따라 사람을 만드셨습니다. 하나님은 내 인생의 주인이시고 나의 아버지이십니다.

그 하나님이 내 안에 계십니다. 새 언약은 하나님께서 내 안에 들어오셔서 나를 성전 삼고 사시는 것입니다. 날마다 내 안에 살아 계신 아버지로 인해 감사가 넘치시기를 주님의 이름으로 축원합니다.

인간 창조

| 본문 | 창2:26-27

하나님은 천지 만물을 창조하신 창조주이십니다(창1:1). 하나님의 창조 범위는 보이는 세계와 보이지 않는 세계입니다(골1:16, 히11:3). 하나님은 눈에 보이는 물질세계보다 눈에 보이지 않는 영의 세계를 먼저 창조하셨습니다. 하나님은 말씀으로 세계를 창조하셨지만, 인간은 자기의 형상과 모양을 따라 흙으로 지으시고 생기를 불어넣으셨습니다. 오늘은 하나님의 형상대로 창조된 인간에 대해 말씀드리겠습니다.

1. 사람은 어떻게 창조되었습니까?

하나님이 흙으로 사람을 빚어 그 속에 생기를 불어넣으므로 생령이 되었다고 했습니다(창2:7). 사람은 구조적으로는 영혼과 육체로 되어 있고, 기능적으로는 영과 혼과 육으로 이루어져 있습니다. 육신의 기능은 정신적인 면과 물질적인 면으로 나눌 수 있는데, 물질적인 육신은 흙의 성분과 같고, 오감(시각 · 청각 · 후각 · 미각 · 촉각)을 통해 기능합니다. 정신적인 면의 혼은 지(知) · 정(情) · 의(意)로 나타납니다. 그리고 사람의 혼과 육의 기능으로는 알 수 없는 또 다른 세계가 영의 세계입니다. 영의 상태에 따라 의인과 악인이 구분되는 것입니다.

2. 하나님께서 사람을 하나님의 형상·모양대로 창조하셨습니다.

1) 하나님의 형상의 실체, 본체는 예수 그리스도이십니다(골1:15, 빌2:5-6, 고후4:4, 히1:1-3).

2) 모양은 실체를 담은 그릇입니다. 예수 그리스도는 하나님의 실체이시요, 우리는 하나님의 실체이신 예수 그리스도의 모양입니다. 하나님은 장차 우리에게 보내 주실 예수 그리스도의 모양을 따라 인간을 만드신 것입니다.

3. 사람을 하나님의 형상·모양으로 만드신 목적은 무엇인가요?

사람 안에 그리스도를 담기 위해서 하나님의 모양대로 창조하셨습니다. 사람은 그리스도를 담는 그릇입니다.

1) 우리가 손을 집어넣기 위해 손 모양으로 장갑을 만들고 우리의 몸을

담기 위해 몸의 모양대로 옷을 만드는 것처럼, 하나님이 우리를 창조하실 때 예수 그리스도를 담기 위해 예수 그리스도의 모양대로 우리를 만드셨습니다.

모양은 실체로 인해 존재합니다. 실체가 담기지 않는 모양은 가치가 없듯이 실체인 예수 그리스도가 그릇인 우리 안에 계실 때 우리는 그리스도로 인해 천하보다 귀한 존재가 되는 것입니다. 삼위 하나님이 우리 안에 거하십니다. 내 안에 그리스도께서 사십니다(갈2:20). 내 안에 성령님께서 거하고 계십니다(고전3:16-17). 하나님이 우리 안에 거하십니다(요일4:12-13).

2) 역사 이래 수많은 철학자나 종교인들이 "인간은 무엇인가?", "인생은 어디서 왔으며 왜 살아야 하며 도대체 인간은 어디로 가는 것인가?"에 대해서 연구했지만 아직까지도 답을 찾지 못했습니다.

그 이유가 무엇일까요? 그것은 바로 자신의 실체인 예수 그리스도를 만나지 못했기 때문입니다. 예수 그리스도 안에서만 이 문제의 답을 찾을 수 있습니다. 그러므로 교회 다니면서 아직까지 이 문제에 대한 확실한 답을 찾지 못하고 있다면 그는 온전한 그리스도인이 아닙니다(골2:1-3, 골3:1-4).

3) 인간은 그 속에 우리의 실체인 예수 그리스도로 채워질 때만 만족이 있습니다.

인간은 이 세상의 모든 것을 다 소유한다 해도 예수 그리스도가 계시기 전에는 만족이 없습니다. 오직 예수 안에 평안과 행복이 있습니다(요14:27). 예수 안에 평안이 있고 승리가 있습니다(요16:33). 예수 안에 기쁨과 만족이 있습니다(합3:17-18).

결론적으로 말씀드리겠습니다.

하나님은 인간을 자기의 형상, 자기 모양대로 만드셨습니다. 모양대로 만드셨다는 것은 우리 인간이 하나님의 형상이요 본체이신 예수님을 담는 그릇으로 만들어졌다는 뜻입니다. 그러므로 본체이신 예수 그리스도를 심령에 모시기 전에는 기쁨도 평안도 행복도 누릴 수 없습니다. 그래서 하나님은 예수님을 새 언약의 중보자로 이 땅에 보내 주셨습니다.

예수 그리스도가 우리 안에 들어오셔야 합니다. 예수님은 우리 안에 들어오셔서 함께 살기 위해 이 땅에 오셨고, 우리의 죄를 담당하시고 십자가에 죽으시고, 장사 지낸바 되었다가 부활·승천하시고, 하늘과 땅이 모든 권세를 위임받으시고, 우리 안에 들어오시기 위해 오순절 날 성령과 함께 오셔서 우리의 마음 문을 두드리십니다(계3:20).

그분을 믿고 영접하면 내 안에 들어오십니다. 주님과 한 생명 되어 천국을 누릴 수 있습니다. 날마다 예수 그리스도를 마음에 모시고 심령 천국 누리다가 영원한 천국에 들어가기를 주님의 이름으로 축원합니다.

죄의 본질

| 본문 | 시51:1-5

모든 인간의 불행은 하나님과의 관계 단절에서부터 시작됩니다. 인간의 도덕적이고 윤리적인 규범 이전에 더 중요한 것은 모든 범죄의 원인이 되는 본질적인 문제가 무엇인지를 아는 것입니다. 이것이 인간의 죄 문제를 이해하고 해결하는 데 가장 중요한 열쇠가 됩니다. 오늘은 '죄의 본질'에 대해서 말씀드리겠습니다.

1. 죄는 어떻게 구분할 수 있나요?

사람은 구조적으로 영혼과 몸으로 구분할 수 있고(마10:28), 기능적으로 영과 혼과 몸으로 구분할 수 있습니다(살전5:23). 따라서 죄도 영의 죄, 혼의 죄, 육신의 죄로 구분할 수 있습니다.

1) 영의 죄는 영으로 살지 않는 것으로, 이것을 '원죄'라고 합니다.

원죄는 인류의 조상인 아담으로부터 물려받은 죄의 씨를 말합니다. 원죄로 인하여 하나님과 교통할 수 있는 영이 죽음으로 말미암아 인간은 하나님과의 관계가 단절되었고, 하나님의 생명에서 떠난 자가 되었습니다. 이것을 영적 죽음이라고 합니다. 그렇습니다. 인간은 영으로 살 수 없는 영적으로 죽은 자들입니다. 영으로 살지 못하는 인간은 원래부터 죄인입니다. 모든 사람은 태어날 때부터 원죄를 가진 죄인으로 태어나며, 원죄로 인하여 지옥에 가야 합니다(시51:5).

2) 혼의 죄는 육신의 생각과 마음의 상태를 말하며, 이것을 '본죄'라고 합니다.

원죄 상태에 있는 인간, 곧 영이 죽음으로 하나님과 단절되어 마귀가 주는 육신의 생각과 마음에서 나타나는 죄를 본죄라고 합니다. 타락한 인간의 마음과 생각에 육신의 정욕, 안목의 정욕, 이생의 자랑으로 나타나는 죄입니다(요일2:16).

3) 육신의 죄는 육신의 정욕으로 사는 것으로, 이것을 '자범죄'라고 합니다.

원죄인 죄의 씨가 본죄인 생각과 마음으로 나타난 것을, 정욕을 채우기 위해서 의지적으로 행동으로 옮기는 것을 자범죄라고 합니다.

2. 죄의 본질은 무엇인가요?

1) 스스로 사는 것입니다.

스스로 사는 것이 죄입니다. 스스로 살 수 있는 분은 창조주 하나님 한 분밖에 없습니다. 생령으로 창조된 사람은 스스로 살 수 있는 존재가 아니라 생명을 주신 창조주 하나님으로 말미암아 살도록 창조되었습니다. 예수님도 스스로 살지 않으셨습니다. 그러므로 스스로 살려는 그 자체가 죄입니다.

예수님은 육신을 입고 이 세상에 사시는 동안 어떻게 사셨습니까? 예수님은 스스로 살지 않고 하나님의 성전 되어 자신 안에서 말씀하시는 하나님 아버지의 말씀을 듣고 사셨습니다. 그러므로 예수님의 형제인 우리도(히2:11-12) 예수님처럼 하나님의 성전이 되어(고전3:16), 성령과 함께 오신 그리스도를 머리로 하고, 그분의 가르침을 받고 살아야 하는 것입니다(요10:27-30, 요14:26, 요일2:27).

2) 그리스도의 영(생명)으로 살지 않는 것입니다.

주님의 생명으로 살지 않은 것이 죄입니다. ① 하나님은 그리스도의 영으로 살도록 우리에게 새 생명을 주셨습니다. 인류의 모든 죄가 아담의 죄(원죄)로부터 출발한다면, 새 생명은 마지막 아담이신 그리스도로부터 출발합니다(고전15:45, 롬5:17-21). 그러므로 그리스도의 영(생명)으로 살지 않는 것이 죄입니다. 예수 그리스도는 우리의 죽은 영을 다시 살리시어 하나님의 생명(영)으로 살게 하십니다(롬8:9, 엡2:1, 요6:63).

② 성령과 함께 오신 그리스도는 영원토록 우리 안에 거하십니다(요14:17). 주와 합하는 자는 한 영입니다(고전6:17). 성령으로 거듭난 자는 그리스도의 영으로 사는 자입니다(롬8:5-11). 그러므로 그리스도의 영(생명)으로 살지 않고 율법으로 사는 자는 저주 아래 있는 자요, 그리스도에게서 끊어진 자요, 은혜에서 떨어진 자입니다(갈5:4).

3) 육신의 마음과 생각으로 사는 것입니다.

육신의 마음과 생각으로 사는 것이 죄입니다. 육신의 마음과 생각으로 산다는 것은 무슨 의미이며 그 결과는 무엇인가요? 하나님의 생명에서 떠난 인간의 생각과 마음은 완전히 마귀의 속성으로 변질되어 버렸기 때문에 육신의 생각과 마음 자체가 하나님과 원수요, 하나님의 법에 굴복하지 아니할 뿐 아니라 할 수도 없게 되었습니다.

그러므로 육신대로 살면 반드시 죽습니다(롬8:6-8, 롬8:13).

육신의 생각과 마음으로라도 좋은 일을 하면 하나님이 기뻐하실 것이라 생각하며 스스로 좋은 일, 선한 일에 힘쓰는 자들도 있습니다. 그러나 육신은 마귀에게 속하였기 때문에 결국 마귀의 열매를 맺음으로 오히려 주님의 몸 된 교회의 원수가 되고 맙니다.

하나님의 생명에서 나오지 않는 모든 것들은 헛된 것입니다. 하나님은 육신의 생명에서 나오는 그 어떤 것도 받지 않으십니다. 하나님의 일은 자기 노력과 열심이 아니라 하나님의 열심으로 하는 것입니다(마15:13, 고후11:2, 골1:28-29).

결론적으로 말씀드리겠습니다.

죄의 본질은 ① 스스로 사는 것이며, ② 그리스도의 생명으로 살지 않는 것이고, ③ 육신의 마음과 생각으로 사는 것입니다. 그러므로 스스로 살지 말고 주님께 묻고 주님의 음성을 듣고 순종하며 살아야 합니다. 육신의 생명이 아니라 주님의 생명으로 살아야 합니다. 내 마음과 생각이 아니라 주님의 마음과 생각으로 살아야 합니다.

그렇게 살게 하기 위해서 주님이 새 언약의 중보자로 내 안에 들어오신 것입니다. 날마다 내 안에 계신 주님의 마음과 생명으로 사는 승리의 삶이 되시기를 축원합니다.

04

옛 언약

| 본문 | 신 5:1-6

오늘은 육신의 생명과 관계된 옛 언약에 대해 말씀드리겠습니다. ① 구약성경의 핵심은 하나님 사랑과 이웃 사랑입니다. ② 모든 율법과 선지자들의 가르침의 핵심도 하나님 사랑과 이웃 사랑입니다. ③ 예수님께서 말씀하신 크고 첫째 되는 계명도 하나님을 사랑하고 이웃을 사랑하는 것입니다(마22:35-40).

그럼 우리가 어떻게 해야 마음과 목숨과 뜻을 다하여 하나님을 사랑하고 이웃을 내 몸처럼 사랑할 수 있을까요? 이를 위해서는 하나님께서 세우신 옛 언약과 새 언약이 무엇인지를 명확하게 깨달아야 합니다. 언약에는 옛 언약과 새 언약이 있습니다. 옛 언약은 첫 언약이고, 새 언약은 둘째 언약입니다. 옛 언약은 육신의 생명과 관계된 언약이고, 새 언약은 하나님의 생명과 관계된 영원한 언약입니다.

육신의 생명과 관계된 옛 언약 안에서는 하나님을 사랑하고 이웃을 사랑할 수 없습니다. 오직 하나님의 생명과 관계된 새 언약 안에서만 하나님을 사랑하고 이웃을 사랑할 수 있습니다. 새 언약 안에서 마음을 다하고, 목숨을 다하고, 뜻을 다하여 하나님을 사랑함으로, 하나님과 하나 될 수 있고, 하나 됨의 증거로 하나님의 마음이 나의 마음이 되어, 그 마음으로 하나님을 사랑하고 이웃을 내 몸처럼 사랑하라는 것입니다.

1. 옛 언약은 하나님께서 언제, 어디서, 누구와 어떻게 세운 언약입니까?

1) 옛 언약은 이스라엘을 애굽 땅에서 인도하여 내던 날에, 호렙산(시내산)에서 모세가 여호와와 이스라엘 중간에 서서 천사들을 통하여 전해 준 여호와의 율법을 모세가 받아 이스라엘에 전하여 세운 언약입니다(신5:1-6, 갈3:19).

2) 이 언약은 여호와께서 이스라엘의 조상들과 세우신 것이 아니라 당시 모세 앞에 살아 있는 자들과 세우신 것입니다.

2. 옛 언약의 내용과 전달 방법은 무엇이며 언약을 지키는 자에게 약속하신 복은 무엇입니까?

1) 언약의 내용은 십계명의 율법입니다(신5:7-21).
십계명을 두 돌판에 문자로 써서 모세에게 주시면서 "이스라엘을 가르쳐서 가나안 땅에 들어가 행할 수 있도록 하라."고 명하셨습니다. 그리고 이것을 행하면 복을 주시겠다고 하시면서, 가나안 땅에서 날이

길고 의롭다 하시겠다고 약속하셨습니다(신5:22, 27, 32-33, 신6:25).

2) 이 율법을 모세를 통해서 주셨기 때문에 ① '모세 율법'이라고 합니다 (눅2:22, 행13:39, 고전9:9). ② 또한 돌비에 문자로 써서 주셨기 때문에 '의 문(법조문)'이라고도 하고, ③ 하나님께서 모세라는 사람을 통해서 육신의 눈으로 보고 육신의 귀로 듣고 육신의 마음과 생각으로 가르침을 받아 지켜 행하라고 하셨기 때문에 '육신에 속한 계명의 법'이라고도 합니다(히 7:16).

3. 옛 언약에 머물러 있는 자는 어떤 모습인가요?

하나님의 말씀을 사람에게만 듣고 가르침을 받고 사는 것입니다. 그런 사람은

① 첫 언약에 속한 자요,

② 율법으로 사는 자요,

③ 저주받은 자요(갈3:10),

④ 그리스도에서서 끊어진 자요 은혜에서 떨어진 자요(갈5:4),

⑤ 불법을 행하는 자입니다(마7:23).

하나님의 말씀을 사람에게만 듣고 가르침을 받아서는 절대로 율법의 강령을 지킬 수 없습니다. 곧 마음을 다하고 목숨을 다하고 뜻을 다하여 하나님을 사랑할 수 없습니다. 겉으로는 하나님을 사랑하는 것처럼 보일 수 있으나 속마음은 자신의 욕심을 이루기 위하여 자기

의에 도취되어 삽니다. 율법으로 미혹하는 마귀에게 속고 사는 것입니다.

4. 하나님의 뜻대로 하는 온전한 신앙생활은 무엇인가요?

1) 예수님께서 이루신 하나님의 뜻은 첫째 것을 폐하시고 둘째 것을 세우신 것입니다.

즉, 옛 언약을 폐하고 새 언약을 세우는 것입니다. 그러므로 하나님의 뜻대로 하는 온전한 신앙생활은 둘째 것, 새 언약의 천국 복음으로 사는 것입니다. 곧 그리스도 예수 안에 있는 생명의 성령의 법으로 하나님을 섬기는 것입니다.

2) 또한 하나님의 뜻대로 하는 온전한 신앙생활은 성령으로 거듭나 거룩함을 얻은 새 생명으로 주님의 음성을 듣고 가르침을 따라 사는 삶입니다.

결론적으로 말씀드리겠습니다.

예수님은 새 언약의 중보자로 오셨습니다(히9:15). 둘째 것이 새 언약입니다. 예수님은 새 언약을 이루시기 위해서 새 언약의 중보자로 오셨습니다. 그러므로 엄밀히 말해 새 언약을 모르면 예수님도, 구원도, 복음도, 천국도 모르는 것입니다. 왜냐하면 예수님이 이 땅에 오신 이유와 목적이 하나님께서 맹세로 약속하신 새 언약을 이루시기 위하여 새 언약의 중보자로 오셨기 때문입니다(렘31:31-33, 히10:9-10).

새 언약은 주님이 내 안에 들어오시는 것입니다. 날마다 주님과 한 생명 되어 심령 천국을 누리며 옛 언약이 아닌 새 언약으로 살아 하나님의 뜻을 이루시기를 주님의 이름으로 축원합니다.

새 언약

| 본문 | 렘31:31-33

성경은 구약과 신약으로 구성되어 있습니다. 하나님은 언약의 하나님이십니다. 언약에는 옛 언약과 새 언약이 있습니다. 오늘은 새 언약에 대해 말씀드리겠습니다.

1. 언약이란 무엇인가?

언약이란 '계약' 또는 '서약'이란 뜻입니다. 언약에는 옛 언약과 새 언약이 있습니다. 옛 언약은 첫 언약이고, 새 언약은 둘째 언약입니다. 옛 언약은 중보자 모세를 통해 맺으신 언약이고, 새 언약은 중보자 예수 그리스도를 통해 맺으신 언약입니다.

1) 옛 언약이란, 영이 죽은 육신의 생명으로 인간이 스스로 노력해서 율법과 계명을 지키고 행하므로, 의로워져서 구원받는 것입니다. 타락된 인간은 행할 수 없습니다.

2) 새 언약이란, 옛 언약에 속한 사람은 육신이 연약하여 율법을 지켜 구

원받을 수 없기 때문에 하나님께서 친히 택한 자들 안에 들어오셔서 율법과 계명을 지키며 살 수 있도록 해 주시고, 구원해 주시겠다고 맹세로 약속하신 것입니다. 구원의 복음, 새 언약의 복음만이 참복음입니다.

2. 예수님은 새 언약의 중보자로 오셨습니다.

새 언약의 중보자로 오신 예수님은 우리 안에 들어오시기 위해 이 땅에 오셨고, 십자가에 죽으셨습니다(히9:15). 새 언약을 이루는 것이 하나님의 뜻입니다(히10:9). 하나님의 뜻은 옛 언약, 즉 율법으로 사는 것을 폐하고, 새 언약, 즉 주님이 내 안에서 해 주시는 삶을 사는 것입니다. 이제는 성령과 함께 오신 예수 그리스도께서 우리 몸을 성전 삼아 마음에 들어오셔서 임마누엘 하시며 날마다 새 언약을 이루어 가고 계십니다.

3. 열조에게 맹세로 세우신 새 언약의 내용은 무엇인가요?

하나님께서 맹세로 세우신 새 언약은 믿음의 조상 아브라함과 이삭과 야곱에게 약속하신 언약으로서 언약의 내용은 크게 두 가지입니다.

1) 첫째는 여자의 후손을 약속하셨습니다(창3:15, 사7:14).
여인의 후손 곧 예수 그리스도를 보내 주시겠다고 약속하셨습니다.

"보라 처녀가 잉태하여 아들을 낳을 것이요 그 이름을 임마누엘이라 하리라." 마1:23절의 성취입니다.

2) 둘째는 가나안 땅을 약속하셨습니다.

출6:8절에 "내가 아브라함과 이삭과 야곱에게 주기로 맹세한 땅으로 너희를 인도하고 그 땅을 너희에게 주어 기업을 삼게 하리라 나는 여호와라." 약속의 땅 가나안 땅을 주겠다는 약속입니다.

① 하나님께서 맹세로 약속하신 새 언약을 이루시려고 예수님을 중보자로 이 땅에 보내셨습니다.

② 예수님은 하나님의 뜻인 새 언약을 이루시려고 십자가에 죽으시고,

③ 3일 만에 부활하신 후,

④ 우리가 영원히 살 천국에 올라가셔서 우리의 죄를 영원히 대속하셨습니다.

⑤ 왕권을 가지고 오순절 날 성령과 함께 그리스도로 다시 오셔서 우리 마음에 들어오셨습니다.

⑥ 택한 자들과 임마누엘하시며 영생의 기쁨과 천국을 누리게 하시다가 우리를 영원한 천국으로 인도하십니다. 그것이 바로 천년왕국과 새 하늘과 새 땅입니다.

5. 선지자들을 통해서 맹세로 약속하신 새 언약은 무엇인가요?

새 언약은 렘31:31-33, 겔11:19-20, 겔36:25-28에 나오는데,

"우리 속에 새 영을 주고, 새 마음을 주고, 내 법을 너희 마음에 기록하여 하나님의 율례와 규례를 지켜 행할 수 있도록 해 주시고, 나는 너희의 하나님이 되고 너희는 내 백성이 되게 하겠다고 하신 약속"입니다. 다시 말해, 하나님께서 새 영과 새 마음을 주셔서 돌같이 굳은 마음을 제거하고, 살같이 부드러운 마음을 주셔서 율례와 규례를 행하고 지키게 해 주시겠다는 약속입니다.

새 언약은 하나님께서 이 법을 친히 우리 생각에 두고 마음에 기록하시겠다는 것입니다. 이것은 하나님이 친히 하나님을 사랑하는 마음, 곧 그리스도의 마음을 주시겠다는 것입니다. 새 언약은 주님의 마음에서 말씀하시고 너는 그 음성을 듣고 순종하며 살게 하시겠다는 것입니다.

결론적으로 말씀드리겠습니다.

① 새 언약은 하나님이 우리 안에 들어오시겠다는 것입니다(계 3:20). ② 새 언약은 나를 성전 삼고 내 안에 사시겠다는 것입니다(갈 2:20). ③ 새 언약은 내 안에서 말씀하시겠다는 것입니다(요10:27). ④ 새 언약은 새 하늘과 새 땅, 영원한 천국으로 인도하시겠다는 것입니다(요14:7). 새 언약을 이루시려고 독생자 예수 그리스도를 중보자로 보내셨습니다(히9:15).

새 언약의 중보자로 오신 예수님을 마음의 문을 열고 영접하며 우리 안에 들어오십니다(계3:20). 새 언약대로 하나님께서 성령으로 우리를 거듭나게 하시고, 우리를 성전 삼고, 친히 우리가 하나님의 생명을 가진 하나님의 자녀임을 성령이 증언하고 계십니다. 날마다 천국을 누리게 하시고 영원한 천국 새 하늘과 새 땅으로 우리를 인도하십니다.

하나님께서 새 언약을 반드시 이루실 것을 맹세로 보증하시고 약속하셨습니다. 그리고 그 보증으로 성령을 우리 마음에 주셨습니다. 하나님께서 반드시 맹세로 약속하신 새 언약을 이루시겠다고 말씀하셨습니다. 새 언약의 천국 복음만이 참복음입니다.

내 안에 계신 그리스도로 말미암아 날마다 심령 천국 이루고 새 언약의 일군 되시기를 주님의 이름으로 축원합니다.

06

옛 언약과 새 언약

| 본문 | 히8:7-13

오늘 본문은 옛 언약과 새 언약에 대한 말씀입니다. 그러므로 두 언약을 간단하게 비교해서 말씀드리겠습니다.

① 구약성경의 핵심은 하나님 사랑과 이웃 사랑입니다.

② 모든 율법과 선지자들의 가르침의 핵심도 하나님 사랑과 이웃 사랑입니다.

③ 예수님께서 말씀하신 크고 첫째 되는 계명도 하나님을 사랑하고 이웃을 사랑하는 것입니다(마22:35-40).

그러면 우리가 어떻게 해야 마음을 다하고 목숨을 다하고 뜻을 다하여 하나님을 사랑하고 이웃을 내 몸처럼 사랑할 수 있나요? 이를 위해서는 하나님께서 세우신 옛 언약과 새 언약이 무엇인가를 명확하게 깨달아야 합니다.

1. 옛 언약과 새 언약의 비교

언약에는 옛 언약(첫 언약)과 새 언약(둘째 언약)이 있습니다.

1) 옛 언약이란?

① 옛 언약은 첫 언약입니다.

② 옛 언약은 육신의 생명과 관계된 언약입니다.

③ 옛 언약은 쌍방 채결의 언약입니다.

④ 옛 언약은 사람이 중보자입니다.

⑤ 옛 언약은 육신의 생명으로는 지킬 수 없는 언약입니다.

⑥ 옛 언약은 내가 하는 것입니다.

⑦ 옛 언약은 죄인의 자리에서 하나님의 계명(율법)을 지켜 의로워지는 것입니다.

⑧ 옛 언약하에서는 하나님의 계명을 지키면 복을 받고 지키지 않으면 저주를 받게 됩니다.

⑨ 옛 언약은 인간들이 하나님의 계명을 지키지 못하므로 십자가에서 파기된 언약입니다.

2) 새 언약이란?

① 새 언약은 둘째 언약입니다.

② 새 언약은 하나님의 생명과 관계된 영원한 언약입니다.

③ 새 언약은 하나님께서 일방적인 맹세로 맺은 언약입니다.

④ 새 언약은 예수 그리스도가 중보자입니다.

⑤ 새 언약은 복음 안에서 주님이 지키도록 해 주시는 언약입니다.

⑥ 새 언약은 주님이 하시는 것입니다.

⑦ 새 언약은 하나님의 자녀로서 하나님의 계명(율법)을 지키는 것입니다.

⑧ 새 언약 안에서는 결코 정죄함이 없습니다.

육신의 생명과 관계된 옛 언약 안에서는 하나님을 사랑하고 이웃을 사랑할 수 없습니다. 오직 하나님의 생명과 관계된 새 언약 안에서만 하나님을 사랑하고 이웃을 사랑할 수 있습니다. 새 언약 안에서 마음을 다하고, 목숨을 다하고, 뜻을 다하여 하나님을 사랑함으로, 하나님과 하나 될 수 있고, 하나 됨의 증거로 주님의 마음이 나의 마음이 되어, 그 마음으로 하나님을 사랑하고 이웃을 내 몸처럼 사랑하라는 것입니다.

2. 옛 언약에 머물러 있는 자의 모습은 어떠한가요?

옛 언약에 머물러 있는 자는 하나님의 말씀을 사람에게서만 듣고 가르침을 받아 육신의 생명으로 사는 자입니다. 옛 언약에 속한 자는
　① 첫 언약에 속한 자요,
　② 율법으로 사는 자요,
　③ 저주받은 자요(갈3:10),
　④ 그리스도에게서 끊어지고 은혜에서 떨어진 자요(갈5:4),
　⑤ 불법을 행하는 자입니다(마7:23).
하나님의 말씀을 사람에게서만 듣고 가르침을 받아서는 절대로 율법의 강령을 지킬 수 없습니다. 곧 마음을 다하고 목숨을 다하고 뜻을 다하여 하나님을 사랑할 수 없습니다. 겉으로는 하나님을 사랑하는 것처럼 보일 수 있으나 속마음은 자기의 욕심을 이루기 위하여 자

기 의에 도취되어 삽니다. 율법으로 미혹하는 마귀에게 속고 사는 것입니다.

3. 하나님의 뜻대로 하는 온전한 신앙생활은 무엇인가요?

1) 예수님께서 이루신 하나님의 뜻은 첫째 것을 폐하시고 둘째 것을 세우신 것입니다. 즉, 옛 언약을 폐하고 새 언약을 세우는 것입니다(히10:9).

그러므로 하나님의 뜻대로 하는 온전한 신앙생활은 둘째 것, 새 언약으로 사는 것입니다. 새 언약으로 산다는 것은 천국 복음으로 사는 것입니다. 천국 복음으로 산다는 것은 그리스도 예수 안에 있는 생명의 성령의 법으로 하나님을 섬기며 사는 것입니다. 생명의 성령의 법, 새 언약의 천국 복음이 아닌 첫째 것, 율법으로 신앙생활을 하는 것은 불법을 행하는 것입니다.

2) 또한 하나님의 뜻대로 하는 온전한 신앙생활은 성령으로 거듭나 거룩함을 얻은 새 생명으로 주님의 음성을 듣고 성령의 가르침을 따라 사는 삶입니다(요10:27, 요일2:27).

결론적으로 말씀드리겠습니다.

예수님은 새 언약의 중보자이십니다. 둘째 것이 새 언약입니다. 예수님은 새 언약을 이루시기 위해서 새 언약의 중보자로 오셨습니다(히

9:15). 그러므로 엄밀히 말해 새 언약을 모르면 예수님도, 구원도, 복음도, 천국도 모르는 것입니다. 왜냐하면 예수님이 이 땅에 오신 이유와 목적이 하나님께서 맹세로 약속하신 새 언약을 이루시기 위하여 새 언약의 중보자로 오신 것이기 때문입니다(렘31:31-33, 히10:9-10, 히9:15).

옛 언약으로 사는 것이 아니라, 새 언약으로 사는 것입니다. 육신의 생명으로 사는 것이 아니라, 주님의 생명으로 사는 것입니다. 사람에게서만 가르침을 받는 것이 아니라, 성령의 기름 부으심으로 가르침을 따라 사는 것입니다. 육신의 마음으로 사는 것이 아니라, 주님의 마음으로 사는 것입니다. 내가 하는 것이 아니라, 주님이 하게 하시는 것입니다. 이렇게 사는 것이 하나님의 뜻입니다.

하나님의 뜻대로 사는 삶이 되시기를 주님의 이름으로 축원합니다.

07
율법과 복음

| 본문 | 요일2:7-8

옛 언약과 새 언약, 옛 계명과 새 계명, 율법과 복음이 구분되나
요? 새 언약(복음) 안에서 율법이 필요한가요? 필요하다면, 왜
필요할까요? 오늘은 율법과 복음에 대하여 말씀드리겠습니다.

1. 규례와 법도와 율법의 중심은 십계명입니다.

1) 하나님께서 시내산에서 모세에게 규례와 법도와 율법을 주셨습니다
(레 26:46).

2) 규례와 법도와 율법의 중심은 십계명으로 하나님께서 친히 돌판에 기
록해 주셨습니다(출34:28, 신4:13).

⑶ 십계명은 어떤 계명인가요?
① 십계명은 하나님의 명령입니다. 그러므로 십계명은 반드시 지켜
야 합니다. 하나님의 계명에 순종하면 천 대까지 복을 받고, 불순종하
면 삼사 대까지 저주를 받습니다(신11:26-28).

② 십계명은 하나님의 부르심을 받은 자들이 지켜야 하는 계명입니다(출20:1-3).

③ 십계명은 사랑의 계명입니다. 예수님은 십계명을 하나님 사랑과 이웃 사랑의 두 계명으로 구분하셨습니다. 첫째 되는 계명인 1-4계명은 하나님을 사랑하라는 계명이고, 둘째 되는 계명인 5-10계명은 그와 같은 사랑으로 네 이웃을 네 자신같이 사랑하라는 계명입니다. 이 두 계명(사랑의 계명)이 율법과 선지자(구약)의 핵심적인 교훈입니다(마 22:36-40).

2. 예수님은 계명을 어떻게 지키셨나요?

1) 예수님은 아무것도 스스로 하지 아니하시고 아버지께서 행(명)하시고 말씀하신 대로 사셨습니다(요5:19, 요12:49-50).

2) 예수님 안에는 아버지가 함께 계셨습니다. 예수님은 아버지께서 가르치신 대로 대언하셨습니다. 따라서 예수님이 행하신 일들은 예수님 안에 계신 아버지가 예수님을 통해서 행하신 것입니다. 예수님은 항상 아버지의 말씀을 듣고 순종하여 계명을 지킴으로 아버지의 기쁨이 되셨습니다(요 14:10-11).

3) 예수님은 율법을 폐하러 오신 것이 아니라 완전케 하려고 오신 것입니다(마5:17). 롬13:10절에 "사랑은 율법의 완성이니라."고 했습니다.

3. 우리는 계명을 어떻게 지켜야 하나요?

1) 하나님의 율법은 반드시 지켜야 합니다.

그러나 율법(십계명)을 육신의 생명으로 지켜서 하나님께 의롭다 함을 얻을 육체가 없습니다(롬3:20, 갈2:16).

2) 율법과 계명은 거룩하고 의롭고 선한 것이기에 하나님의 율법 자체는 없어지는 것이 아닙니다(롬7:12, 마5:18).

따라서 율법의 본질과 내용, 율법에 대한 의무와 약속은 결코 변함이 없습니다. 계명이 변하는 것이 아니라 사람에 따라 용도가 바뀌는 것입니다. 즉 율법 가운데 있는 자에게는 하나님의 계명이 옛 계명이고, 복음 가운데 있는 자에게는 하나님의 계명이 새 계명입니다. 어두움 가운데 있는 자에게는 하나님의 계명이 옛 계명이고, 빛 가운데 있는 자에게는 하나님의 계명이 새 계명입니다(요일2:7-8, 요13:34).

3) 모세의 율법, 선지자의 글, 시편을 비롯한 구약의 핵심은 예수님에 대한 말씀입니다(눅24:44, 행28:23).

4) 우리도 예수님처럼 아무것도 스스로 하지 않고, 머리이신 내 안에 계신 예수님께서 가르치는 대로 살면, 즉 생명의 성령의 법(새 언약의 복음)으로 살면 하나님의 계명을 지키며 살 수 있습니다(롬8:1-4). 하나님께서 우리에게 계명을 주신 목적은 우리의 행복을 위해서입니다. 즉, 상급을 위해서입니다(신10:13).

결론적으로 말씀드리겠습니다.

예수 그리스도가 새 언약의 중보자로 오셔서 십자가 대속 사역을 통해 옛 언약을 폐하시고, 하나님의 법을 친히 마음에 새겨 주심으로 하나님의 법이 기록된 마음, 즉 그리스도의 마음으로 하나님을 사랑하고 하나님의 계명을 지키는 삶을 살도록 하는 것이 생명의 성령의 법, 새 언약의 천국 복음입니다.

율법은 내가 사는 것이고, 복음은 하나님이 살게 해 주시는 것입니다. 율법은 육신의 생명으로 사는 것이고, 복음은 주님의 생명으로 사는 것입니다. 율법은 내 마음과 내 생각으로 사는 것이고, 복음은 주님의 마음과 주님의 생각으로 사는 것입니다.

날마다 복음으로 심령 천국 누리시기를 주님의 이름으로 축원합니다.

08

율법으로 산다는 것은?

| 본문 | 롬3:20

모든 인간은 두 가지의 삶 중 하나로 살게 됩니다.

① 율법으로 살든지 아니면 복음으로 살든지

② 육신의 생명으로 살든지 아니면 하나님의 생명으로 살아가게 됩니다.

율법으로 살고 육신의 생명으로 살면 사망이요 멸망이지만, 복음으로 살고 하나님의 생명으로 살면 영생이요 천국입니다. '율법으로 산다는 것은 무엇인가요?'라는 제목으로 말씀드리겠습니다.

1. 율법으로 산다는 것은 무엇인가요?

1) 첫째 아담 안에서 아담의 씨로 태어난 모든 사람들은 마귀의 종이 되어 육신의 마음과 생각으로 살고 있습니다.

마귀는 자기에게 속한 자들에게 육신의 마음과 생각을 주어 스스로 잘 훈련하면 율법을 지킬 수 있고, 거룩하고 의롭고 선하게 살 수 있다고 속입니다. 그래서 많은 사람들은 율법적인 가르침과 교훈을 따라서 악을 버리고 선을 행하면 복을 받는다는 율법 설교를 좋아합니다. 그러나 사람은 그 누구라도 율법을 온전히 지킬 수도, 행할 수도 없습니다(롬3:20).

2) 그럼에도 사람들은 왜 율법적인 종교 생활에서 벗어나지 못하는 것일까요?

그것은 선악과를 먹은 아담의 씨로 태어나는 인간의 마음에 율법이 새겨져 있기 때문입니다. 그것을 양심이라고 합니다(롬2:15, 고전15:56).

3) 마귀는 의롭고 거룩하고 선한 율법을 사용하여 양심을 만족시키며 살도록 교묘하게 미혹하므로 사람들을 죄 가운데서 벗어나지 못하도록 합니다.

결국 육신의 마음에 기록된 율법을 더욱 강화시켜 육신의 마음과 생각으로 살도록 하는 것입니다. 따라서 마귀에게 속하여 하나님처럼 되려는 마귀(죄)의 속성이 육신에 젖어 있는 죄인은 결국 육신의 마음과 생각으로 하나님처럼 판단하고 정죄하고 심판하게 되는 것입니다(약4:11-12).

2. 율법의 기능은 무엇인가요?

1) 율법은 죄를 깨닫게 합니다(롬3:20).

2) 율법은 자기 속에 있는 죄의 본질을 드러나게 합니다.

율법으로 죄가 무엇인지 알고 나면 오히려 마귀의 속성인 탐심이 더 발동해서 자기 속에 있는 죄의 본질을 드러나게 합니다(롬7:7-11).

3) 율법은 그리스도께로 인도하는 몽학 선생입니다(갈3:24). 초등학교 선생과 같습니다.

3. 율법으로 사는 자들의 결과는 무엇인가요?

육신의 마음과 생각으로 율법을 지켜서 행하려는 자들은
① 그리스도에게서 끊어지고 은혜에서 떨어집니다(갈5:4).
② 죄의 종이 되어 하나님을 욕되게 합니다(롬2:17-24).
③ 하나님의 진노를 일으킵니다(롬 4:15).
④ 하나님의 저주 아래 있게 됩니다(갈3:10).
⑤ 율법으로 살면 사망입니다. 그래서 우리는 새 언약의 천국 복음으로 살아야 합니다.

결론적으로 말씀드리겠습니다.

① 율법은 내가 사는 것이고, 복음은 내 안에 계신 주님이 살게 해 주시는 것입니다.
② 율법은 육신의 생명으로 사는 것이고, 복음은 주님의 생명으로 사는 것입니다.
③ 율법은 내 마음과 내 생각으로 사는 것이고, 복음은 주님의 마음과 주님의 생각으로 사는 것입니다. 복음으로 살고, 주님의 생명으로 살고, 주님의 마음과 생각으로 살게 하시려고 주님이 내 안에 들어오

신 것입니다.

이것이 새 언약이고 천국 복음입니다. 이제는 내가 사는 것이 아니라 내 안에 주님이 사시는 것입니다(갈2:20). 이제는 율법으로 사는 것이 아니라 내 안에 계신 예수그리스도와 한 몸 되고 한 생명 되어 새 언약의 천국 복음으로 살고, 천국 되어 살아가기를 주님의 이름으로 축원합니다.

09

새 언약의 천국 복음

| 본문 | 렘31:31-34

성경의 주제는 예수 그리스도입니다. 또 핵심적인 주제가 있는데, 그것은 바로 언약과 하나님의 나라입니다. 언약에는 옛 언약과 새 언약이 있습니다. 오늘은 새 언약의 천국 복음에 대해 말씀드리겠습니다.

1. 복음을 믿어야 구원받습니다.

복음은 예수그리스도요, 예수 그리스도 그분이 복음입니다. 복음에는 반드시 하나님의 의(예수그리스도)가 나타나야 합니다. 막16:15-16절에 "너희는 온 천하에 다니며 만민에게 복음을 전파하라. (복음을) 믿고 세례를 받는 사람은 구원을 얻을 것이요 믿지 않는 사람은 정죄를 받으리라."

롬1:16-17절에 "내가 복음을 부끄러워하지 아니하노니 이 복음은 모든 믿는 자에게 구원을 주시는 하나님의 능력이 됨이라 먼저는 유대인에게요 그리고 헬라인에게로다. 복음에는 하나님의 의가 나타나서 믿음으로 믿음에 이르게 하나니 기록된바 오직 의인은 믿음으로 말미암아 살리라 함과 같으니라."

2. 하나님께서 맹세하신 새 언약을 이루어 주실 것을 믿어야 합니다.

1) 하나님은 예레미야를 통해 새 언약을 약속하셨습니다.

렘31:31-33절에 "여호와의 말씀이니라. 보라 날이 이르리니 내가 이스라엘 집과 유다 집에 새 언약을 맺으리라. 이 언약은 내가 그들의 열조의 손을 잡고 애굽 땅에서 인도하여 내던 날에 세운 것과 같지 아니할 것은 내가 그들의 남편이 되었어도 그들이 내 언약을 파하였음이니라. 그날 후에 내가 이스라엘 집에 세울 언약은 이러하니 곧 내가 나의 법을 그들의 속에 두며 그 마음에 기록하여 나는 그들의 하나님이 되고 그들은 내 백성이 될 것이라."고 하셨습니다.

2) 하나님께서 이 새 언약을 이루시기 위해서 새 언약의 중보자 예수 그리스도를 이 땅에 보내셨습니다.

① 하나님은 스스로 맹세한 새 언약을 이루시기 위해 이 땅에 예수님을 새 언약의 중보자로 보내셨습니다(성육신). 히9:15절에 "이로 말미암아 그는 새 언약의 중보자시니 이는 첫 언약 때에 범한 죄에서 속량하려고 죽으사 부르심을 입은 자로 하여금 영원한 기업의 약속을 얻게 하려 하심이라."

② 이 세상에 오신 예수님은 새 언약을 맹세하신 하나님 아버지 뜻에 전적으로 순종하셨습니다. 요6:38-40절에 "내가 하늘로서 내려온 것은 내 뜻을 행하려 함이 아니요 나를 보내신 이의 뜻을 행하려 함이니라. 나를 보내신 이의 뜻은 내게 주신 자 중에 내가 하나도 잃어버리

지 아니하고 마지막 날에 다시 살리는 이것이니라. 내 아버지의 뜻은 아들을 보고 믿는 자마다 영생을 얻는 이것이니 마지막 날에 내가 이를 다시 살리리라."고 했습니다.

③ 하나님은 새 언약을 이루시기 위해 예수님에게 천국 복음을 전하게 하시고 우리의 모든 죄를 사하시기 위해 예수님을 십자가 위에서 죽게 하셨습니다. 마9:35절에 "예수께서 모든 성과 촌에 두루 다니사 저희 회당에서 가르치시며 천국 복음을 전파하시며…."

④ 하나님은 새 언약을 이루시기 위해 예수님을 죽은 자 가운데서 3일 만에 부활시키셨습니다. 행2:32절에 "이 예수를 하나님이 살리신지라 우리가 다 이 일에 증인이로다."라고 했습니다.

⑤ 하나님은 새 언약을 이루시기 위해 예수님을 하늘 보좌 우편(권세의 자리)에 앉히셨습니다.

⑥ 하나님은 새 언약을 이루시기 위해 택한 백성들과 영원히 함께하시려고 예수님에게 왕권을 주어 오순절에 성령 안에 다시 보내셨습니다(나의 주인, 왕, 머리). 마16:28절에 "진실로 너희에게 이르노니 여기서 있는 사람 중에 죽기 전에 인자가 그 왕권을 가지고 오는 것을 볼 자들도 있느니라."고 했습니다.

3. 새 언약(복음)을 믿는 자는 주님의 음성을 들으며 주님과 함께 살게 됩니다.

이 복음이 새 언약이고 이 복음을 믿는 것이 예수님을 믿는 것입니다. 이 복음을 믿어야 구원을 얻습니다. 이 복음이 성령의 감동으로 이해되고 깨달아지고 믿어져서 확실히 고백할 때 예수 그리스도가 성령 안에서 나를 성전 삼고 내주하십니다. 나와 주님이 하나가 되는 것입니다. 롬10:10절에 "사람이 마음으로 믿어 의에 이르고 입으로 시인하여 구원에 이르느니라."고 했고, 고전6:17절에 "주와 합하는 자는 한 영이니라."고 했습니다.

결론적으로 말씀드리겠습니다.

생명 안에 들어온 자는 경건의 연습(말씀과 기도 훈련)을 통해 계속 악한 영과 육신의 생각을 차단하고 생수(하나님 사랑)를 구하면 내주하시는 성령님이 주님의 마음을 주십니다. 주님의 마음이 되면 주님과 하나가 되어 머리 되시는 주님이 주시는 음성을 들으며 주님과 함께 살게 됩니다.

요10:27절에 "내 양은 내 음성을 들으며 나는 저희를 알며 저희는 나를 따르느니라."고 했고, 살전5:10절에 "예수께서 우리를 위하여 죽으사 우리로 하여금 깨든지 자든지 자기와 함께 살게 하려 하셨느니라."고 했습니다. 주님은 나와 함께 영원히 살려고 나를 성전 삼고 그리스도로 오신 것입니다. 이 천국 복음이 온 세상 모든 민족에게 증언되어야 이 세상 끝이 옵니다. 이 복음을 믿어야 합니다. 마24:14절에 "이 천국 복음이 모든 민족에게 증언되기 위하여 온 세상에 전파되리니 그제야 끝이 오리라."고 했습니다.

새 언약의 천국 복음을 전하는 새 언약의 일꾼 되시기를 주님의 이름으로 축원합니다.

10

하나님의 이름이 머무시는 곳

| 본문 | 왕상9:1-9

이름은 아주 중요합니다. 어떤 문건에 누구의 이름이 들어가 있는지에 따라서 그 서류의 권위는 달라집니다. 또한 어떤 명품에 장인의 이름이 들어가 있느냐 그렇지 않느냐에 따라서 같은 물건이라도 그 값이 하늘과 땅 차이라고 할 수 있습니다.

하나님의 이름은 아주 중요합니다. 하나님께서 세상을 창조하시고 그 이름을 새겨 놓으시기를 원하셨습니다. 그리고 그 이름을 새겨 놓으실 장소가 있다고 하셨습니다. 오늘은 그 이름을 새겨 놓으신 곳에 대해 말씀드리겠습니다.

1. 하나님의 이름이 머무시는 곳은 성막입니다.

모세에게 하나님의 이름이 머무는 곳을 지정해 주셨습니다. 그곳은 성막입니다(신12:5-7).

① 성막은 하나님께서 백성들 가운데 거하시는 곳입니다(출 25:8).

② 성막은 하나님께서 자신을 계시하는 곳입니다(출25:22).

③ 성막은 하나님께서 말씀하시는 곳입니다(레1:1).

새 언약의 천국 복음

④ 성막은 하나님께서 죄인을 받아 주시고 용서하시는 곳입니다(레 1:4).

⑤ 성막은 하나님 앞에 제사(예배)드리는 거룩한 처소입니다.

그러므로 성막은 예수 그리스도를 모형적으로 나타내는 예표요 그림자입니다. 성막은 가장 세밀하게 예수 그리스도를 예시해 줍니다. 성막을 통해 예수 그리스도의 성육신과 사역, 그리고 죽으심과 대속, 부활을 보여 줍니다. 이는 하나님의 이름을 예수 그리스도 안에 두시고자 하시는 예표입니다.

2. 하나님의 이름이 머무시는 곳은 보이는 성전입니다.

하나님의 이름이 머무신 곳은 솔로몬성전입니다. "내 이름을 그곳에 두며 내 눈길과 내 마음이 항상 거기에 있으리니"(왕상9:1-3)라고 했습니다.

① 성전은 하나님께서 백성들 가운데 거하시는 곳입니다.

② 성전은 하나님께서 자신을 계시하는 곳입니다.

③ 성전은 하나님께서 말씀하시는 곳입니다(출29:42-43, 출25:22).

④ 성전은 하나님과 백성이 만나는 곳입니다(출25:22, 민17:4).

⑤ 성전은 하나님께서 죄인을 받아 주시고 용서하시는 곳입니다.

⑥ 성전은 하나님의 영원한 처소입니다.

이 성전은 하나님이 거하시는 예수 그리스도의 몸의 예표요 그림자입니다. 성전은 그림자요 예수님의 몸은 실체입니다. 왜냐하면 예수님 안에 아버지가 내주하여 계시기 때문입니다.

3. 하나님의 이름이 머무시는 곳은 예수님이십니다.

말씀이 육신이 되어서 오신 예수님이십니다(요1:1, 요1:14). 하나님은 예수 안에 거하십니다. 그러므로 예수님의 육체가 하나님의 성전인 것입니다.

요2:19-21절에 "예수께서 대답하여 이르시되 너희가 이 성전을 헐라 내가 사흘 동안에 일으키리라. 유대인들이 이르되 이 성전은 사십육 년 동안에 지었거늘 네가 삼 일 동안에 일으키겠느냐 하더라. 그러나 예수는 성전된 자기 육체를 가리켜 말씀하신 것이라."고 했고, 요17:11-12절에 "아버지여 내게 주신 아버지의 이름으로 그들을 보전하사 우리와 같이 그들도 하나가 되게 하옵소서 내가 그들과 함께 있을 때에 내게 주신 아버지의 이름으로 그들을 보전하고 지키었나이다."라고 했습니다.

요14:20절에 "그날에는 내가 아버지 안에, 너희가 내 안에, 내가 너희 안에 있는 것을 너희가 알리라."고 했습니다.

4. 하나님의 이름이 머무시는 곳은 예수님을 모신 성도의 심령입니다.

삼위 하나님은 우리 몸을 성전 삼고 거하십니다. 믿는 자의 마음 안에 성전을 만드시고 이름을 두신 하나님이십니다. 성령님이 우리 안에 거하십니다(고전3:16-17). 믿는 자의 마음 안에 이름을 두시고 거하시는 예수님이십니다(고후13:5). 우리 몸이 하나님의 성전입니다. 왜냐하면 성부 · 성자 · 성령 하나님께서 내주하여 계시기 때문입니다.

5. 하나님의 이름이 머무시는 곳은 새 하늘과 새 땅 새 예루살렘입니다.

새 하늘과 새 땅을 지으신 하나님께서 구속받은 하나님의 백성들과 함께 머물 거룩한 성 새 예루살렘을 준비해 놓으셨습니다. 거룩한 성 새 예루살렘은 하나님께서 그의 택한 백성들과 함께 거하시기 위해서 예비하신 하나님의 장막입니다(계21:3). 성경적 의미에서 천국은 하나님이 계신 곳입니다. 새 예루살렘은 바로 하나님의 임재의 역사가 영원히 떠나지 않는 궁극적인 하나님의 나라, 천국인 것입니다.

결론적으로 말씀드리겠습니다.

모세를 통하여 하나님의 이름을 두시겠다고 말씀하신 곳은 일차적으로 성막과 성전이었습니다. 그러나 이는 장차 성도들 안에 함께 거하실 예수 그리스도를 미리 보여 주신 모형과 그림자였습니다. 하나님의 백성들 안에 하나님께서 거하시기 위하여 예수님은 새 언약의 중보자로 오셨고 십자가에 죽으시고 부활 · 승천하시어 우리 모든 죄를 탕감받으시고 왕권을 가지고 오순절 날 성령과 함께 오셨습니다.

우리를 영원한 천국으로 인도하시기 위하여 지금 우리 안에서 일하고 계시는 것입니다. 이제 저와 여러분들은 하나님의 이름이 머무는 곳, 즉 성 삼위 하나님이 거하시는 성전이 된 것입니다. 하나님의 이름이 머무신 거룩한 성전으로 살다가 영원한 성전 새 예루살렘에 들어가시기를 주님의 이름으로 축원합니다.

2장 예수님의
생애 복음

탄생의 복음

| 본문 | 마1:23

사람들에게 물었답니다. "성탄절 하면 가장 먼저 생각나는 것이 무엇인가요?"

선물(97%), 성탄 트리, 산타크로스, 캐럴, 공휴일…. 그러나 크리스마스는 그리스도를 예배하는 날입니다. 구약의 여러 선지자들이 메시아의 탄생을 예언한 대로 예수님은 이 땅에 예수와 임마누엘로 오셨습니다. 오늘은 탄생의 복음에 대하여 말씀드리겠습니다.

1. 예수님이 이 세상에 오신 이유는 무엇입니까?

1) 세상을 구원하시기 위해 오셨습니다.

요3:17절에 "하나님이 그 아들을 세상에 보내신 것은 세상을 심판하려 하심이 아니요 그로 말미암아 세상이 구원을 받게 하려 하심이라."고 했고, 요12:47절에 "내가 온 것은 세상을 심판하려 함이 아니요 세상을 구원하려 함이로라."고 했습니다.

2) 믿는 자에게 영생을 주시기 위해서 오셨습니다.

요3:16절에 "하나님이 세상을 이처럼 사랑하사 독생자를 주셨으니 이는 그를 믿는 자마다 멸망하지 않고 영생을 얻게 하려 하심이라."고 했습니다.

3) 자기 백성을 죄에서 구원하시려고 십자가를 지시기 위해 많은 사람의 대속물로 오셨습니다.

마1:21절에 "아들을 낳으리니 이름을 예수라 하라. 그가 자기 백성을 그들의 죄에서 구원할 자이심이라 하니라."고 했으며, 마20:28절에 "인자가 온 것은 섬김을 받으려 함이 아니라 도리어 섬기려 하고 자기 목숨을 많은 사람의 대속물로 주려 함이니라."고 했습니다.

4) 하나님 아버지의 뜻인 둘째 언약(복음)을 세우려고 오셨습니다.

히10:9절에 "보시옵소서. 내가 하나님의 뜻을 행하러 왔나이다 하셨으니 그 첫째 것을 폐하심은 둘째 것을 세우려 하심이라."고 했습니다.

5) 우리와 영원히 함께하시려고 오셨습니다.

마1:23절에 "보라 처녀가 잉태하여 아들을 낳을 것이요, 그의 이름은 임마누엘이라 하리라 하셨으니, 이를 번역한즉 하나님이 우리와 함께 계시다 함이라."고 했으며, 살전5:10절에 "예수께서 우리를 위하여 죽으사 우리로 하여금 깨어 있든지 자든지 자기와 함께 살게 하려 하셨느니라."고 했습니다.

6) 우리에게 구원(생명)과 꼴(말씀)을 주시기 위해 오셨습니다.

요10:9-10절에 "내가 문이니 누구든지 나로 말미암아 들어가면 구원을 받고 또는 들어가며 나오며 꼴을 얻으리라. 내가 온 것은 양으로 생명을 얻게 하고 더 풍성히 얻게 하려는 것이라."고 했습니다.

2. 예수님의 탄생과 예루살렘의 소동

1) 헤롯은 에돔 출신으로 유대 총독을 거쳐 분봉 왕이 된 자입니다.

유대인의 왕이 탄생하였다는 말에 자신의 지위에 위기감을 느껴 아기 예수를 죽이려고 음모를 꾸몄으나 실패하자 두 살 아래의 아이를 다 죽였습니다.

2) 대제사장과 서기관들은 당시 종교지도자와 학자들입니다. 그러나 그들은 메시아 탄생에 관심이 없었습니다.

3. 예수님을 경배한 자들

1) 구유 위의 주님은 메시야의 표적으로 낮은 자를 구원하시기 위해 오신 주님을 의미합니다.

눅2:12절에 "너희가 가서 강보에 싸여 구유에 뉘어 있는 아기를 보리니 이것이 너희에게 표적이라."고 했습니다.

2) 목동들은 약한 자를 구원하시기 위해 오신 주님을 의미합니다.

3) 동방박사들은 이방인을 구원하시기 위해 오신 주님을 의미합니다.

결론적으로 말씀드리겠습니다.

성탄절은 구원받는 우리 편에서는 기쁘고 감사한 날이지만, 하나님 아버지 편에서는 인류를 구원하기 위해 독생자를 속량 제물로 보내신 날입니다. 목동들은 기쁜 소식으로, 동방박사들은 황금과 유향과 몰약으로 경배했습니다. 그렇다면 나는 어떻게 맞이해야 할까요?

2천 년 전 유대 땅 베들레헴에 오신 예수님은 새 언약을 이루시기 위해 십자가에 죽으시고, 부활하시고, 승천하시고, 우리의 모든 죄를 탕감받게 하시고, 하늘과 땅의 모든 권세를 위임받으시고, 왕권을 가지고 영으로 오순절 날 성령과 함께 오셨습니다. 그분은 복음으로 우리의 마음의 문을 두드리십니다(계3:20). 마음에 문을 열고 예수님을 영접하며 내 안에 들어오십니다. 나를 성전 삼고 나와 한 몸, 한 생명 되어 하나님의 생명으로 살게 하십니다. 주님의 음성을 듣고 천국 되어 살게 하십니다.

예수님은 지금 내 안에 살아 계십니다. 초림에 머무르지 말고 날마다 내 안에 살아 계신 주님으로 인해 심령 천국 누리시기를 주님의 이름으로 축원합니다. 아멘.

성육신의 복음

| 본문 | 마1:21-23

성경은 예수님에 대해 말씀하신 책입니다. 구약은 오실 예수님, 신약은 오신 예수님에 대한 말씀입니다. 하나님은 범죄하고 타락한 인간을 위해 메시야를 보내 주시겠다고 약속하셨습니다(사 7:14, 미5:2). 예수님은 구약의 선지자의 예언대로 이 땅에 육신의 몸을 입고 오셨습니다(마1:22).

예수님께서 이 땅에 오신 이유가 무엇입니까?

1. 예수님은 자기 백성을 죄에서 구원하시려고 오셨습니다.

마리아가 성령으로 예수님을 잉태했을 때, 하나님은 요셉에게 "아들을 낳으리니 이름을 예수라 하라. 이는 그가 자기 백성을 그들의 죄에서 구원할 자이심이라"고 하셨습니다(마1:21).

예수라는 이름은 구원이라는 뜻입니다. 예수님은 자기 백성을 그들의 죄에서 구원하시기 위해 오셨습니다(딤전1:15). 인간의 모든 불행의 근본적인 원인은 죄 때문입니다. 그러므로 인간이 죄에서 구원받지 못하는 한 결코 참된 행복을 누릴 수 없고, 지옥 형벌을 피할 수 없습니다.

사람이 이 세상에서 아무리 부귀영화를 누리고 살아도 백 년도 살기 힘든 인생인데, 죽은 후 지옥에 가서 영원한 고통을 당한다면 무슨 유익이 있겠습니까? 그래서 주님이 어리석은 부자 이야기(눅12:16-21), 부자와 거지 나사로 이야기(눅16:19-31)를 하신 것입니다.

예수님이 죄인들을 구원하시려고 이 세상에 직접 오신 것은 죄로부터의 구원은 인간의 자력으로 불가능하기 때문입니다. 예수님이 오셔서 자기 백성의 죗값을 대신 짊어지시고 죽으심으로 죄에서 구원해 주시는 길 외에는 방법이 없었기 때문에 예수님이 친히 오신 것입니다.

2. 예수님은 생명을 주시려고 오셨습니다.

죄의 삯은 사망입니다(롬6:23). 그러므로 모든 죄인들은 영적으로 죽은 자들입니다(엡2:1). 그래서 예수님은 생명을 주시려고 오셨습니다(요10:10). 당신의 죽으심으로 죄의 삯인 죽음의 대가를 치르시고 믿는 자들에게 생명을 주시려고 오셨습니다.

예수님이 주시는 생명은 영생입니다(요10:28). 영생은 단순히 오래 살거나 영원히 죽지 않고 사는 것을 의미하지 않습니다. 영생은 영원한 생명, 곧 영원하신 하나님의 생명입니다.

이 생명을 아들에게 주셨습니다. 아들이 있는 자에게는 생명이 있습니다(요5:11-12). 그래서 예수님을 믿으면 하나님의 자녀가 되는 것입니다(요1:12). 하나님의 생명을 받아 다시 태어났기에 하나님의 자녀인 것입니다. 하나님의 자녀가 되었기에 아버지 하나님의 나라인 천국 시민이 되는 것입니다(빌3:20).

그러므로 예수님의 피로 죄 사함을 받고 예수님의 생명으로 거듭나지 아니하면 아무 소용이 없습니다. 결코 천국에 갈 수 없습니다(요3:3). 하나님은 믿는 자들에게 영생을 주시려고 독생자를 보내 주셨습니다(요3:16).

3. 예수님은 우리를 하나님과 함께 살게 하시려고 오셨습니다.

예수님은 임마누엘의 하나님이 되셔서 우리와 함께 살기 위해서 오신 것입니다. '임마누엘'은 히브리어인데, '함께'라는 뜻의 '임'과 '우리와'라는 뜻의 '마누', '하나님'이라는 뜻의 '엘'의 합성어입니다.

예수님의 이름이 임마누엘이신 이유는 예수님이 오신 이유가 죄인들이 예수님을 믿고 하나님의 생명으로 거듭나서 하나님의 자녀가 되어 하나님과 영원히 함께 살게 하시려고 오셨기 때문입니다.

하나님이 태초에 인간을 창조하실 때 유독 인간만 하나님의 형상대로 창조하신(창1:27) 이유가 하나님과 사랑의 교제를 나누며 함께 살게 하기 위함이었습니다. 그런데 범죄하고 하나님에게서 쫓겨난 인간(창3:24)을 예수님은 구원하셔서 다시 하나님과 함께 영원히 살게 해 주시는 것입니다.

결론적으로 말씀드리겠습니다.

신앙생활은 하나님과 함께 사는 것입니다. 하나님의 생명으로 사는 것입니다. 하나님과 사랑으로 연합하여 함께 사는 것입니다(갈2:20). 그러므로 나중에 천국에 가서 영원히 하나님과 함께 살고 이 땅에서도 매일매일 하나님과 함께 살아야 합니다.

이 땅에서 하나님과 함께 사는 것이 천국을 누리는 것입니다. 내 안에 계신 주님과 날마다 심령 천국 누리며 살아가시기를 주님의 이름으로 축원합니다.

공생애의 복음

| 본문 | 마4:23

오늘은 예수님의 공생애의 복음에 대해서 말씀드리겠습니다. "예수께서 가르치심을 시작할 때에 30세쯤 되시니라"(눅3:23)고 하셨습니다. 30세부터 십자가에 달리시기 전 3년 동안 천국 복음을 전하는 공적 사역을 하셨습니다. 예수님은 공생애 기간 수많은 사역을 하셨습니다(요21:25).

예수님이 이 세상에 오셔서 크게 세 가지 사역을 하셨는데 첫째는, 하나님의 말씀을 가르치신 사역입니다. 둘째는, 천국 복음을 전파하신 사역입니다. 셋째는, 병자를 고친 힐링 사역입니다(마4:23).

1. 예수님은 가르치셨습니다.

예수님은 바닷가에서 가르치시고, 들판에서도 가르치시고, 산에서도 산상수훈을 가르치시고, 특별히 본문에는 회당에서 가르치셨다고 했습니다. 주로 무엇을 가르치셨을까요? 기도에 대해서 주기도문을 가르치시고, 금식에 대해서도 가르치시고, 염려에 대해서도 가르치시고, 마태13:-25장까지 예수님의 비유가 나옵니다. 그 비유는 열의 하나같이 천국 비유입니다. 주로 천국에 대해서 가르치시고 천국 백성의 삶을 가르치셨습니다.

2. 천국복음을 전파하셨습니다.

예수님은 온 천하에 다니며 만민에게 복음을 전파하라고 하셨습니다(막 1:14-15, 막16:15). 무슨 복음을 온 천하 만민에게 전파하라고 하셨나요? 바로 천국 복음입니다.

1) 예수님은 천국 복음을 전파하셨습니다(마4:23, 마9:35, 눅4:43, 눅16:16).

예수님이 전한 복음은 천국 복음입니다. 예수님이 전한 모든 비유는 천국 비유입니다. 예수님이 천국이십니다. 이 천국 복음이 땅끝까지 전파되어야 그제야 끝이 옵니다(마24:14).

2) 그러면 천국 복음이 무엇입니까?

천국 복음은 하나님께서 렘31:31-33, 겔11:19-20, 겔36:25-27절에 약속하신 "새 영을 너희 속에 두고 새 마음을 너희에게 주고 내 법을 너희 마음에 새겨 나는 너희 하나님이 되고 너희는 내 백성이 되리라."는 새 언약입니다. 한마디로 말하면, 하나님이 내 안에 들어오시겠다는 것입니다. 이 새 언약이 천국 복음입니다.

3) 하나님은 이 새 언약을 이루시기 위해,

① 이 땅에 예수님을 새 언약의 중보자로 보내셨습니다(히9:15).

② 이 세상에 오신 예수님은 하나님 아버지 뜻에 전적으로 순종하셨습니다(요 6:38-40).

③ 하나님은 새 언약을 이루시기 위해 예수님에게 천국 복음을 전하게 하시고(마4:23, 9:35), 우리의 모든 죄를 속량하시려고 예수님을 십자가 위에서 죽게 하셨습니다(히9:15, 살전5:10).

④ 하나님은 새 언약을 이루시기 위해 예수님을 죽은 자 가운데서 3일 만에 부활시키셨습니다.

⑤ 하나님은 새 언약을 이루시기 위해 예수님을 하늘로 올리우셔서 우리의 과거, 현재, 미래의 죄를 사해 주시고 하늘 보좌 우편에 앉히셨습니다(히 8:12-13).

⑥ 하나님은 새 언약을 이루시기 위해 택한 백성들과 영원히 함께하시려고 예수님에게 왕권을 주시어 오순절에 성령과 함께 그리스도(부활의 영)로 보내셨습니다(마16:28).

⑦ 이 예수 그리스도를 나의 왕으로, 나의 주인으로, 나의 머리로, 나의 생명으로, 나의 삶의 전부로 영접하고 믿으면 주님은 내 안에 들어오십니다(계3:20). 예수 그리스도가 성령 안에서 나를 성전 삼고 내 주하십니다. 주님과 하나 되면 마음의 천국이 이루어지고 영원한 천국에 들어가게 되는데, 이것이 바로 천국 복음입니다.

4) 예수님이 내 안에 들어오시는 것입니다(계3:20).

주님이 내 안에 사시는 것입니다(갈2:20). 내 안에 살아 계신 그리스도가 하나님의 비밀입니다(골1:26-27). 심령에 예수님을 모시고 천국 되어 사는 것입니다. 심령 천국 되게 하는 것입니다. 천국이신 예수님을 마음에 모시고 이 땅에서 천국 되어 살다가 영원한 천국에 들어가는 복음이 천국 복음입니다. 이 천국 복음이 구약의 새 언약입니다. 예수님이 내 안에 들어오셔서 사시는 것입니다.

3. 병자들을 치유하셨습니다.

마4:23절에 보면 "백성 중의 모든 병과 모든 약한 것을 고치셨다."고 했습니다. 우리 인간은 육체의 질병을 가지고 있습니다.

1) 왜 육체의 질병이 우리들에게 찾아옵니까?

① 첫째는 우리의 죄 때문입니다. 아담과 하와가 죄를 범함으로 질병이 우리에게 찾아왔습니다.

② 두 번째는 하나님이 주신 육신을 잘 관리하지 못해서 찾아오기도 합니다.

③ 세 번째는 하나님께서 징계하시는 수단으로 질병이 올 수도 있습니다. 그런가 하면 하나님의 영광을 위해서 질병이 올 수도 있습니다. 모든 질병을 치유하시는 주님이십니다. 왜냐하면 십자가에서 우리의 질병과 연약함을 짊어지셨기 때문입니다(마8:16, 마8:17, 벧전2:24). 하나님의 자녀들이 건강하게 사는 것이 하나님의 뜻입니다.

2) 건강에는 다섯 가지 종류가 있습니다.

육체적 건강, 마음의 건강, 정신적인 건강, 환경적인 건강, 영적인 건강입니다. 예수님은 각색 육체적 · 정신적 · 환경적 · 영적 · 질병들을 전인적으로 치유하셨습니다.

결론적으로 말씀드리겠습니다.

질병이 없는 곳이 있습니다. 그곳은 바로 천국입니다(계21:3-4). 천국이신 예수님을 마음에 왕으로 주인으로 모시고 날마다 심령 천국 되어 전인적으로 건강함을 누리시기를, 주님의 이름으로 축원합니다.

새 언약의 천국 복음

십자가의 복음

| 본문 | 살전5:10

오늘은 십자가의 복음에 대해서 말씀드리겠습니다. 십자가는 복음에 있어서 매우 중요한 부분입니다. 십자가 없는 부활이 없고, 십자가 없는 구원이 있을 수 없기 때문입니다. 그러나 십자가는 복음의 전부 또는 핵심은 아닙니다. 복음의 시작이요 중요한 과정입니다. 그래서 십자가에 머물러 있으면 안 됩니다.

1. 하나님은 새 언약을 이루시기 위해 예수님을 이 땅에 보내셨습니다.

예수님께서 이 땅에 오신 목적은 하나님께서 맹세로 약속한 새 언약을 이루기 위해서입니다. 새 언약은 하나님께서 내 안에 들어오시겠다는 약속입니다. 하나님께서 새 언약을 이루시려고 예수님을 새 언약의 중보자로 이 땅에 보내셨습니다(히9:15). 중보자는 하나님이시며 인간이여야 합니다.

예수님은 신성과 인성을 지니셨습니다. 예수님은 이 땅에 오실 때 두 개의 이름을 가지고 태어나셨습니다. 예수와 임마누엘입니다.

예수님의 생애 복음

예수님은 ① 자기 백성을 죄에서 구원하시기 위해서 오셨습니다(마 1:21). 임마누엘은 ② 우리와 함께 계시기 위해서 오셨습니다(마1:23, 사7:14).

.

2. 예수님은 이 땅에 오셔서 하나님 아버지 뜻에 전적으로 순종하시고 천국 복음을 가르치고 전파하셨습니다.

예수님은 하나님 아버지를 머리로 모시고, 아버지 말씀에 전적으로 '예'만 하셨습니다(고전11:2, 고후1:19). 예수님은 스스로 아무것도 행하지 아니하시고 자기 안에 계신 아버지의 말씀대로 행하셨습니다(요 8:28-29). 그리고 천국 복음을 가르치고 전하셨습니다(마4:23. 9:35, 24:14).

3. 하나님은 새 언약을 이루시기 위해 예수님을 십자가에 못 박혀 죽게 하셨습니다.

십자가와 그리스도는 하나님이 감추어 놓은 비밀입니다.

1) 율법의 정죄 아래 죽을 수밖에 없는 우리의 구원을 위해 예비해 놓으신 하나님의 지혜가 바로 십자가의 복음입니다.

십자가는 하나님이 감추어 놓은 비밀입니다(고전2:7-8). 마귀가 이 비밀을 알았다면 예수님을 십자가에 못 박아 죽이지 않았을 것입니다. 우리를 향하신 하나님의 구원 계획이 놀랍고 신기하고 감사할 뿐입니다.

2) 육신의 생명에서 볼 수 없도록 감추어 놓은 비밀이 또 하나 있습니다.

그것은 내 안에 계신 그리스도입니다. 내 안에 계신 그리스도는 비밀입니다. 그러므로 세상의 지혜로는 깨달을 수 없고, 오직 내 안에 계신 성령께서 깨닫게 해 주셔야 알 수 있습니다(골1:26-27). 많은 목회자와 신자들이 이 비밀을 깨닫지 못하고 십자가와 부활에 머물러 있습니다. 십자가와 부활은 복음 안에서 매우 중요한 부분인 것은 맞지만, 복음의 핵심은 아닙니다.

3) 예수님이 이 땅에 오신 목적은 하나님이 맹세로 약속한 새 언약을 이루기 위해서입니다.

새 언약을 이루기 위해 십자가에 죽으시고 부활·승천하시어 하늘 보좌 우편에서 우리 죄를 영원히 대속하시고 왕권을 가지고 다시 성령과 함께 오셨습니다. 성령 안에 오신 그리스도는 나를 성전 삼으시고 내 안에 들어오셔서 하나님의 생명으로 거듭나게 하여 예수님과 한 생명이 되게 하셨습니다. 그래서 주님을 머리로 삼고 나는 몸이 되어, 주님이 주는 마음에서 주님의 음성을 듣고 주님의 뜻을 이루는 삶을 살게 되었습니다. 이것이 복음의 핵심입니다.

4) 예수님께서 왜 십자가에 못 박혀 죽으셨습니까?

예수님께서 십자가에 죽으신 이유가 많이 있겠지만 몇 가지를 살펴보겠습니다.

① 아버지의 뜻을 이루시기 위해서입니다(눅22:42). 우리의 구원을 위해 예수님께서 십자가에 죽는 것이 하나님의 뜻입니다.

② 우리의 모든 죄를 대속하시기 위함입니다. 십자가는 예수 그리스도의 대속 사역의 완성입니다(요19:30). 예수님께서 십자가에서 '다 이루었다.'고 하셨는데, 이 말씀은 '구원을 다 이루었다.'는 말이 아니고, '죗값을 다 치르셨다.'는 의미이고 '이 세상에서 해야 할 아버지의 뜻을 다 이루었다.'는 뜻입니다. 십자가의 피로 영원한 속죄를 이루었다고 해서 구원이 완성되는 것은 아닙니다. 십자가의 복음은 천국 복음의 시작입니다. 부활하시고 승천하시고 성령과 함께 다시 오셔서 내 안에서 구원을 이루고 우리를 천국으로 인도하셔야 구원이 완성되는 것입니다. 그러므로 십자가의 복음에 머물러 있어서는 안 됩니다. 사단은 우리의 지은 죄를 가지고 정죄하고 참소하므로 우리를 다시 십자가로 돌아가게 하여 십자가에 머물러 있게 합니다. 십자가의 복음은 천국 복음의 진행 과정입니다.

③ 우리의 죄악과 율법의 저주와 연약함과 질병을 담당하시기 위해서입니다. 우리의 죄악을 담당하셨습니다(사53:5-6). 우리를 위해 율법의 저주를 담당하셨습니다(갈3:13). 우리의 연약함과 질병을 담당하셨습니다(마8:17).

④ 우리에 대한 하나님의 사랑을 확증하시기 위해서입니다(롬5:8). 하나님은 우리를 사랑하십니다.

⑤ 우리를 하나님께로 인도하기 위해서입니다(벧전3:18). 예수님은

우리를 하나님 앞으로, 천국으로 인도하시는 분이십니다. 예수님으로 말미암지 않고는 아버지께로 갈 자가 없습니다(요14:6).

⑥ 우리와 영원히 함께 살기 위해서 죽으셨습니다(살전5:10). 주님이 십자가에 죽으신 것은 자나 깨나 우리와 영원히 함께 살기 위함입니다. 그래서 임마누엘입니다. 이것이 십자가 복음의 결론입니다.

결론적으로 말씀드리겠습니다.

십자가에 죽으신 예수님이 지금 어디에 계십니까?

내 안에 계신 그리스도의 복음을 믿지 않으면 십자가의 복음이 헛된 것입니다. 2천 년 전, 예수님이 십자가에서 내 죄를 사해 주셨다는 확실한 증거는 십자가에 죽으신 예수님이 지금 내 안에 살아 계신 것입니다(고후 13:5).

내 안에 계신 그리스도로 인해 날마다 심령 천국 누리시다가 영원한 천국에 들어가 영생복락 누리시기를 주님의 이름으로 축원합니다.

05

장사 지냄의 복음

| 본문 | 고전15:3-4

고전15:3-4절에 "우리가 받은 것을 먼저 너희에게 전하였노니 이는 성경대로 그리스도께서 우리 죄를 위하여 죽으시고 장사 지낸바 되었다가 성경대로 사흘 만에 다시 살아나사…."

복음이란 무엇인가요? 복음은 예수 그리스도입니다(막1:1). 예수 그리스도가 복음의 실체입니다. 예수님의 생애가 복음입니다. 예수님의 말씀이 복음입니다.

오늘은 예수님의 장사 지냄의 복음에 대하여 말씀드리겠습니다. 예수님을 장사 지낸 것은 우리의 모든 것(죄, 옛사람)을 다 담당하시고 장사 지낸 것입니다. 그와 함께 장사 지냈습니다(롬6:4). 그래서 우리의 옛사람, 옛 성품, 죄가 죽었습니다. 장사 지냈습니다. 그리스도의 죽으심과 함께 우리의 옛사람이 죽은 것입니다.

바울이 놀라운 진리를 깨달았습니다. "내가 그리스도와 함께 십자가에 못 박혔나니…." 나의 정욕과 욕심이 그리스도와 함께 십자가에 못 박혔다고 말한 것입니다. 복음이란 내가 십자가에서 예수님과 함께 죽고 내 안에 부활하여 살아 계신 예수님과 함께 사는 것입니다.

그렇다면 예수님을 장사 지낸 이유가 무엇입니까?

1. 예언을 성취하시기 위함입니다.

1) 이사야를 통해 예언하셨고 예언대로 부자 아리마대 요셉의 무덤에 묻히셨습니다(사53:9).

2) 요나를 통해 예언하셨습니다(마12:39-40).

2. 우리 대신 죽으시고 음부(지옥)에 내려가신 것입니다.

죄인인 우리가 죗값으로 죽어 지옥에 들어가야 하는데, 예수님께서 대신 죽으시고 음부(지옥)에 내려가신 것입니다.

3. 우리를 하나님 앞으로 인도하기 위해서입니다.

벧전3:18절에 "그리스도께서도 단번에 죄를 위하여 죽으사 의인으로서 불의한 자를 대신하셨으니 이는 우리를 하나님 앞으로 인도하려 하심이라 육체로는 죽임을 당하시고 영으로는 살리심을 받으셨으니….".라고 했습니다.

4. 몸은 무덤에 영은 음부(지옥)에 내려가셨습니다(벧전3:19-20).

1) 예수님은 십자가에 죽으신 후 장사 지내시고 몸은 무덤에, 영은 음부(지옥)와 낙원에 가셨습니다.

죽음과 부활 사이 예수님의 영은 노아시대 방주를 지을 때 불순종하여 죽은 영혼들에게 선포하시기 위해 지옥에 내려가셨습니다. 우리가 가야 할 지옥을 예수님이 대표로 가셨기 때문에 그를 믿는 우리는 가지 않게 되었습니다.

2) 노아시대 홍수 심판은 마지막 심판의 예표요, 방주는 예수님의 예표입니다(마24:37-39).

따라서 노아시대 방주에 들어가지 못한 자들은 예수님을 믿지 않아 구원받지 못한 자들을 가리키고, 방주에 들어간 자는 예수님을 믿음으로 구원받은 자들을 가리킵니다.

3) 예수님의 영이 지옥에 가신 것은 천주교의 연옥설과 같이 그들에게 구원의 기회를 주기 위함이 아니고, 예수님 자신이 방주의 실체요, 심판의 주이심을 선포하기 위함입니다(빌2:9-11).

4) 지옥의 영들에게 선포하신 예수님의 영은 강도에게 말씀하신 대로 낙원에 가셨습니다(눅23:39-43).

예수님이 마지막 강림하실 때 낙원에 있는 영들을 데리고 오셔서 부활시키십니다(살전 4:13-17). 낙원에 계신 주님이 부활의 첫 열매가 되신 것처럼 우리도 낙원에 있다가 똑같은 방법으로 부활하게 됩니다(고전15:20).

결론적으로 말씀드리겠습니다.

결국 예수님을 장사 지냄도 새 언약을 이루시기 위함, 즉 우리 안에 들어오시기 위한 과정입니다. 우리의 죄와 옛사람과 질병을 함께 장사 지낸 것입니다. 우리의 모든 것을 짊어지시고 장사 지내신 주님은 부활하셔서 승천하신 후, 우리의 모든 죄를 탕감받으시고 왕권을 가지고 오셔서 내 안에 살아 계십니다.

내 안에 계신 주님으로 인해 날마다 나는 죽고 그리스도만 나타나는 빛과 소금의 삶이 되시기를 주님의 이름으로 축원합니다.

06
부활의 복음

| 본문 | 롬8:11

오늘은 부활의 복음에 대하여 말씀을 드리겠습니다. 일반 역사는 예수, 공자, 석가, 마호메트를 4대 성인이라 합니다.

공자는 기원전 551년에 노나라 산동성에서 태어나 유교를 창시한 후 72세에 죽었고, 고향인 산동성에 500평이 넘는 묘지가 있습니다.

석가는 기원전 563년에 카필라 왕국 국왕의 왕자로 태어나 불교를 창시한 후 80세에 죽었고, 46미터의 탑을 비롯해서 5대 보궁(석가의 사리를 보관한 곳)이라는 거대한 묘지가 있습니다.

마호메트는 570년에 메카에서 태어나 이슬람교를 창시한 후 62세에 죽었고, 사우디아라비아에 세계 최대의 묘지가 있습니다.

그러나 예수님은 묘지나 무덤이 없습니다. 왜냐하면 부활하셨기 때문입니다.

1. 부활 신앙이란 무엇인가요?(고전 15:12-20)

1) 만일 예수님이 부활하지 않으셨다면,

① 우리가 전하는 것이 헛것입니다.

② 우리의 믿음도 헛것입니다.

③ 우리 모두는 거짓말쟁이입니다.

④ 우리는 여전히 죄에 빠져 있는 소망 없는 자들입니다.

⑤ 믿음으로 살았던 수많은 그리스도인들 모두 다 망한 자들입니다.

⑥ 우리가 세상에서 가장 불쌍한 자들입니다.

2) 부활 신앙이란 예수님께서 부활하셨다는 것을 믿는 객관적 믿음이 아니라, 예수님이 부활하신 것처럼 나도 부활할 것을 믿고 소망하는 주관적 믿음입니다(롬 8:11).

2. 부활에는 순서가 있습니다(고전 15:21-24).

1) 예수 그리스도의 부활은 예수님을 믿고 죽은 모든 자들에게 첫 열매가 되셨습니다.

첫 열매라 함은 계속해서 그다음 열매가 있다는 것인데, 부활에는 첫째 부활과 마지막 부활이 있습니다. 즉

① 예수님 부활,

② 첫째 부활은 주님께 붙어 있는 자들이요,

③ 마지막 부활은 나머지 택한 백성들입니다(고전15:22-24, 계20:4-6).

2) 천년왕국은 첫째 부활한 자들이 들어가서 천 년 동안 그리스도와 더

불어 왕 노릇을 하는 곳입니다.

사도 바울은 이 첫째 부활에 이르기 위해 푯대로 삼고 최선을 다해 달려갔습니다(빌3:11, 14).

3. 하나님이 예수님을 부활시키신 이유는 무엇일까요?

예수님께서 부활하신 이유는,

① 죄와 사망을 정복하셨다는 확증을 위해서입니다.

② 우리의 부활을 예표해 주시기 위해서(첫 열매)입니다(고전15:20-23).

③ 복음을 전하고 제자를 삼으라는 사명을 위해서입니다(행3:15).

④ 우리 안에 들어오셔서 임마누엘로 사시기 위해서입니다(살전5:10).

4. 부활하신 예수님은 내 안에 살아 계십니다.

1) 하나님은 독생자(예수)를 새 언약의 중보자로 이 땅에 보내셔서 십자가에서 죽게 하셨습니다(행2:23).

2) 하나님은 아들(예수)을 사망에서 살리셨습니다(행2:31-32).

3) 하나님은 아들(예수)을 하늘에 올리셨다가 택한 자의 심령 안에 거하

게 하시려고 성령과 함께 다시 보내셨습니다(요14:18, 골1:27).

4) 하나님은 마지막 날에 택한 자들을 다시 살리셔서 천국으로 인도하십니다(요6:40, 고후4:14). 부활하신 예수 그리스도는 지금 내 안에 살아 계십니다(고후13:5).

결론적으로 말씀드리겠습니다.

생명이시며 천국이신 부활하신 예수 그리스도가 내 안에 오셔야 영생을 얻고 천국을 누릴 수 있습니다. 이 땅에서 주님과 한 생명 되어 천국을 누린 자만이 마지막 날에 부활하여 영원한 천국에 들어가 영생의 복을 누리게 됩니다. 이 땅에서 천국 안 되면 영원한 천국에 들어갈 수 없습니다.

내 안에 부활하신 주님이 계셔서 감사합니다. 나도 주님처럼 부활하게 되니 감사합니다. 부활의 복음을 깨닫게 하신 하나님께 날마다 영광을 돌리기를 주님의 이름으로 축원합니다. 할렐루야!

07
승천의 복음

| 본문 | 행1:11

여러분, 복음이 무엇입니까? 우리가 믿는 예수 그리스도가 복음입니다. 예수님이 복음의 실체입니다(막1:1). 따라서 복음을 예수님의 한 부분만 강조하여 단편적으로 정의해서는 안 됩니다. 예를 들면 십자가, 부활, 임마누엘, 강림 등 예수님의 탄생, 공생애, 십자가, 부활, 승천, 다시 오심, 임마누엘, 강림, 천년왕국, 새 예루살렘까지 전체가 복음입니다.

오늘은 승천의 복음에 대해 말씀드리겠습니다.

1. 하나님은 예수를 하늘에 올리셨습니다.

하나님은 부활하신 예수님을 하늘 지성소로 올리셔서 우리의 모든 죄를 탕감받게 해 주시고 하늘 보좌 우편에 앉게 하셨습니다. 행1:11 절에 "갈릴리 사람들아 어찌하여 서서 하늘을 쳐다보느냐? 너희 가운데서 하늘로 올려 지신 이 예수는 하늘로 가심을 본 그대로 오시리라 하셨느니라."고 했습니다.

행7:55-56절에 "스데반이 성령 충만하여 하늘을 우러러 주목하여 하나님의 영광과 및 예수께서 하나님 우편에 서신 것을 보고 말하되, 보라 하늘이 열리고 인자가 하나님 우편에 서신 것을 보노라."고 했고, 벧전3:22절에 "그는 하늘에 오르사 하나님 우편에 계시니 천사들과 권세들과 능력들이 그에게 복종하느니라."고 했습니다.

히1:3절에 "이는 하나님의 영광의 광채시오 그 본체의 형상이시라. 그의 능력의 말씀으로 만물을 붙드시며 죄를 정결하게 하는 일을 하시고 높은 곳에 계신 지극히 크신 이의 우편에 앉으셨느니라."고 했으며, 히12:2절에 "믿음의 주요, 또 온전하게 하시는 이인 예수를 바라보자. 그는 그 앞에 있는 기쁨을 위하여 십자가를 참으사 부끄러움을 개의치 아니하시더니 하나님 보좌 우편에 앉으셨느니라."고 했습니다.

2. 예수님이 승천하셔야 하는 이유는 무엇일까요?

1) 첫째는 하늘 지성소에서 우리의 모든 죄를 탕감받으시기 위해서입니다.

땅의 지성소는 하늘 지성소의 모형이요 그림자입니다(히8:5). 땅의 지성소에서는 대제사장이 자기와 그 집안과 온 이스라엘 자손의 모든 죄를 위해 짐승의 피를 가지고 일 년에 한 번 속죄하였습니다(레16:17, 30, 34). 하늘 지성소에서는 영원한 대제사장이신 예수 그리스도께서 자기의 피로 단번에 영원한 속죄를 이루셨습니다(히9:11-12, 히10:12).

2) 우리와 온 세상의 구원을 위해 중보하시기 위해서입니다.

예수님은 우리의 중보자로 하나님 우편에서 우리를 위하여 친히 간구하십니다(롬8:34, 요일2:1-2).

3) 오순절 날 성령과 함께 영으로 다시 오시기 위해입니다.

예수님께서 당시 제자들에게 인자가 왕권을 가지고 오는 것을 볼 것이라고 말씀하셨습니다(마16:28). 하늘로 올라갔다가 너희에게로 다시 오리라고 말씀하셨습니다(요14:18-20, 28, 히9:27-28).

4) 마지막 때에 강림하시기 위해서입니다.

주님과 한 생명 된 자를 구원하고 믿지 않는 자를 심판하시기 위해 강림하십니다(행1:11).

결론적으로 말씀드리겠습니다.

예수 그리스도는 우리의 모든 죄를 탕감받기 위해 승천하셨습니다(히8:12-13). 우리를 위해 중보하시기 위해 승천하셨습니다. 우리 안에 영으로 들어오시기 위해 승천하셨습니다. 그 예수님은 우리 안에 들어오셔서 임마누엘 하십니다. 그리고 마지막 종말의 때에 강림하실 것입니다.

오늘도 왕권을 가지고 내 안에 오신 예수 그리스도로 날마다 심령 천국 누리며 강림하실 주님을 소망하며 사는 여러분 되시기를, 주님의 이름으로 축원합니다.

08

다시 오심의 복음

| 본문 | 요14:16-20

우리가 믿는 예수 그리스도가 복음입니다. 예수님이 복음의 실체입니다(막 1:1). 따라서 복음을 예수님의 한 부분, 예를 들어 십자가, 부활, 임마누엘, 강림 등만 강조하여 단편적으로 정의해서는 안 됩니다. 예수님의 탄생, 공생애, 십자가, 부활, 승천, 다시 오심, 임마누엘, 강림, 천년왕국, 새 하늘과 새 땅 새 예루살렘까지 전체가 복음입니다.

여러분, 예수님은 이 땅에 몇 번 오십니까? 세 번입니다. 초림으로 오시고, 성령과 함께 영으로 오시고, 마지막 날 심판주로 강림하십니다. 오늘은 두 번째 오순절 날 성령과 함께 영으로 오신 예수님에 대해 말씀드리겠습니다.

1. 예수 그리스도는 우리의 구원을 완성하시기 위해 오순절 날 성령과 함께 영으로 다시 오셨습니다.

예수님은 인성과 신성을 가지고 계십니다. 인성인 부활체는 하나님 보좌 우편, 하늘에 계시고, 신성인 영은 그리스도로 다시 오셨습니다

(눅9:27, 요14:16-20, 요한1서3:24).

예수님은 마16:28절에서 왕권을 가지고 다시 오신다고 했습니다. 흔히 말하는 재림이 아닙니다. 두 번째 영으로 초대교회 오순절 날 오신 것입니다.

① 왕권을 가지고 오셨습니다.

② 하나님 나라로 오셨습니다.

③ 성령과 함께 오셨습니다.

④ 믿는 자들 심령에 오신 것입니다.

2. 왜 영으로 오셨습니까?

1) 첫째는 새 언약을 이루기 위해서입니다(렘31:31-33, 겔11:19-20, 겔 36:25-27).

구약에 새 언약은 육신의 생명으로는 하나님의 법에 순종할 수 없고, 말씀을 지킬 수도 없고, 주님의 음성을 들을 수 없기에 하나님께서 우리 속에 들어오시겠다는 약속입니다. 그래서 새 언약의 중보자로 오신 것입니다(히9:15).

2) 둘째는 우리 안에 들어오시기 위해서입니다.

예수님은 임마누엘이십니다(마1:23). 하나님이 우리와 함께 계시기 위해 오셨습니다. 영으로 우리 안에 들어오시는 것입니다(계3:20).

3) 세 번째는 내 안에서 사시기 위해서입니다(갈2:20, 살전5:10).

예수님은 나를 성전 삼고, 나와 한 생명 되고, 한 몸 되어 내 안에서 말씀하시고, 나는 그 음성을 듣고 순종하며 사는 것입니다.

4) 내 안에 들어오신 예수님이 하나님의 비밀입니다(골1:26-27).

내 안에 계신 예수 그리스도가 하나님의 비밀입니다.

① 복음의 비밀이요,

② 구원의 비밀이요,

③ 생명의 비밀이요,

④ 천국의 비밀입니다.

3. 다시 오셔서 내 안에 계시는 주님은 나를 통해서 나타나십니다.

나를 통해서 주님이 나타나야 합니다.

요14:21절에 "나의 계명을 지키는 자라야 나를 사랑하는 자니 나를 사랑하는 자는 내 아버지께 사랑을 받을 것이요 나도 그를 사랑하여 그에게 나를 나타내리라."고 했습니다.

딤후4:7-8절에 "나는 선한 싸움을 싸우고 나의 달려갈 길을 마치고 믿음을 지켰으니 이제 후로는 나를 위하여 의의 면류관이 예비되었으므로 주 곧 의로우신 재판장이 그날에 내게 주실 것이며 내게만 아니라 주의 나타나심을 사모하는 모든 자에게도니라."고 했습니다.

요일2:28절에 "자녀들아 이제 그의 안에 거하라. 이는 주께서 나타내신바 되면 그가 강림하실 때에 우리로 담대함을 얻어 그 앞에서 부끄럽지 않게 하려 함이라."라고 말씀하셨습니다.

나의 삶을 통해 주님이 나타나야 합니다. 나는 십자가에 죽고 주님이 나타나야 합니다. 이것이 빛과 소금의 삶입니다. 복음으로 사는 삶입니다.

결론적으로 말씀드리겠습니다.

① 주님이 내 안에 들어오셔야 새 생명으로 거듭나는 것입니다. 거듭남의 비밀입니다.

② 주님이 내 안에 들어오셔야 구원받은 하나님의 자녀입니다(요1:12). 구원의 비밀입니다.

③ 주님이 내 안에 들어오셔야 생명이 있습니다(요일5:11-12). 생명의 비밀입니다.

④ 주님이 내 안에 들어오셔야 천국을 누리게 됩니다(골1:26-27). 천국의 비밀입니다.

내 안에 들어오신 주님이 내 안에서 말씀하시는 것입니다(요10:27). 그 음성을 듣고 살아야 합니다. 주님은 내 안에 살아 계십니다. 그래서 임마누엘입니다. 내 안에 계신 예수 그리스도로 말미암아 날마다 심령 천국 누리시기를 주님의 이름으로 축원합니다.

09

임마누엘의 복음

| 본문 | 골1:26-27

오늘은 임마누엘의 복음에 대해 말씀드리겠습니다.

예수님은 구약의 예언대로 임마누엘로 이 땅에 오셨습니다(사 7:14, 마1:23). 하나님이 우리와 함께 계시기 위해서 예수님을 이 땅에 보내신 것입니다. 이 땅에 오신 그 예수님은 우리의 죄를 대신하여 십자가에 죽으시고, 부활하시고, 승천하셔서 우리 죄를 완전히 탕감하시고, 왕권을 가지시고(마16:28), 이 땅에 영으로 오셔서 우리의 마음의 문을 두드리십니다.

마음의 문을 열고 주님을 영접하면 우리 안에 들어오십니다(계 3:20). 예수님은 왕이십니다. 예수님은 하늘과 땅의 모든 권세를 가지고 오신 왕이십니다(마28:18). 그 예수님은 나를 성전 삼고 우리 안에 거하십니다. 그래서 임마누엘입니다.

1. 우리 안에 계신 그리스도는 하나님의 비밀입니다.

예수 그리스도는 만세 전에 감추었던 하나님의 구원의 비밀입니다 (골1:26-27). 이 비밀은 우리 안에 계신 그리스도이십니다. 비밀은 아무나 아는 것이 아닙니다. 우리 안에 계신 그리스도는 지혜롭고 슬기로운 자들에게는 숨기십니다(마11:25-26). 이들은 교만하고 똑똑하고 지식으로 믿으려고 하는 자들입니다.

그러나 어린아이처럼 주님 마음 되어 겸손한 자들에게는 나타내십니다. 성경이 기록된 그대로를 믿는 것입니다. 그래서 하나님의 비밀입니다.

예수 그리스도 안에 모든 풍성함이 있습니다. 예수그리스도는 우리의 영광이요, 우리의 소망입니다. 찬송가에도 "이 몸에 소망 무엔가 우리 주 예수뿐일세."라고 했습니다. 내 안에 예수 그리스도가 계신 것을 믿고 깨닫는 자는 하나님의 비밀을 아는 자입니다.

2. 우리 안에 그리스도께서 계시지 않으면 생명이 없습니다.

여기서 생명은 영원한 생명, 영생, 곧 하나님의 생명입니다(요5:26). 예수님은 길이요 진리요 생명이십니다(요14:6). 생명이신 예수그리스도가 내 안에 계셔야 생명이 있고, 예수님이 내 안에 계시지 않으면 생명이 없습니다(요일5:11-12). 예수 안에 생명이 있습니다. 이 예수님이 내 안에 들어오셔야 내 안에 생명이 있습니다. 내 안에 예수의 생명이 없으면 영적으로 죽은 자입니다(엡2:1).

3. 우리 안에 그리스도의 영이 없으면 그리스도인이 아닙니다.

롬 8:9절에 "만일 너희 속에 하나님의 영이 거하시면 너희가 육신에 있지 아니하고 영에 있나니 누구든지 그리스도의 영이 없으면 그리스도의 사람이 아니라."고 하셨습니다.

여러분 속에 그리스도의 영이 없으면 여러분은 그리스도인이 아닙니다. 그냥 교회에 다니는 종교인일 뿐입니다. 육에 속한 사람입니다. 그러나 우리 안에 하나님의 영이 거하시면 영의 사람이요, 그리스도의 영이 계시면 그는 그리스도인입니다. 그 속에 생명이 있습니다.

4. 우리 안에 그리스도께서 계시지 않으면 버림받은 사람입니다.

예수 그리스도께서 내 안에 계시지 아니하면 버림받은 자입니다(고후13:5). 여기에서 버림받은 자란 구원받을 수 없다는 뜻이다.

여러분 안에 예수 그리스도께서 살아 계십니까?

우리 안에 예수 그리스도께서 계시기 전에는 엡2:1-3절을 보면 우리는 허물과 죄로 죽는 자입니다. 그래서 공중권세 잡은 자를 따랐습니다. 본질상 진노의 자녀였습니다. 육체로는 이방인이요, 그리스도 밖에 있었고, 이스라엘 나라 밖의 사람이요, 약속의 언약들에 대하여는 외인이요, 세상에서 소망이 없고 하나님도 없는 자였습니다.

그러나 이제는 전에 멀리 있던 너희가 그리스도 예수 안에서 그리스도의 피로 가까워졌다고 했습니다(엡2:1-13). 그리스도께서 내 안에 거하시면 "그러므로 이제부터 너희는 외인도 아니요 나그네도 아니요 오직 성도들과 동일한 시민이요 하나님의 권속이라"(엡2:19)고 했습니다.

결론적으로 말씀드리겠습니다.

사복음서는 주로 예수님의 공생애와 십자가에 대해서 말씀하시고, 사도행전은 부활하신 예수님에 대해서 말씀하시고, 서신서는 내 안에 계신 예수 그리스도에 대해서 말씀하시고, 계시록은 강림하실 예수님에 초점이 맞추어져 있습니다.

그렇다면 지금 우리는 어디에 계신 예수님께 초점을 맞추며 살아야 할까요?

당연히 내 안에 계신 예수님께 초점을 맞추고 살아야 합니다. 주님과 함께 살아야 합니다. 내 안에 계신 예수님을 믿는 믿음으로 살아야 합니다. 내 안에 계신 주님의 음성을 듣고 살아야 합니다. 우리 안에 계신 예수 그리스도는 세상 끝 날까지 항상 함께 계십니다(마28:20). 그래서 그분의 이름이 임마누엘입니다. 내 안에 계신 주님은 언제나 함께하십니다. 영원히 함께하십니다.

주님이 내 안에서 나와 함께 사시는데 무엇이 두렵겠으며 걱정할 것이 무엇이 있겠습니까?(히13:5-6) 주님이 내 안에 계시면 얼마나 행복한지 그분이 복음이요 생명이요 천국이십니다.

여러분 안에 예수 그리스도를 모시고 날마다 천국의 기쁨을 누리시기를 주님의 이름으로 축원합니다.

10

강림의 복음

| 본문 | 살전 4:15-18

이 땅에 많은 그리스도인들이 예수님의 재림을 기다리고 있습니다. 그렇다면 예수 그리스도는 이 땅에 몇 번 오시나요? 세 번입니다. 첫 번째는 우리와 같은 육신으로 오셨고, 두 번째는 영으로 오셨고, 세 번째는 부활하신 몸으로 오실 것입니다.

많은 신자들이 마지막 때에 주님이 재림하신다고 합니다. 재림이란 '두 번째 오신다', '다시 오신다'란 의미입니다. 그러니까 예수님이 세 번 오신다고 하면 이상하게 생각합니다.

제가 묻겠습니다. 성경에 예수님이 재림하신다는 말씀이 있나요? 없습니다. 재림이라는 단어를 쓰지 않고 '강림'이라는 단어를 사용합니다. 강림입니다. 강림이란 단어가 15번 나옵니다. 강림이란 '신이 이 세상에 내려온다.'라는 의미이지, 숫자적인 개념은 없습니다.

오늘은 강림의 복음에 대하여 말씀드리겠습니다.

1. 예수님은 강림하십니다(행1:9-11).

왜 강림하십니까?

① 승천하신 그대로 오시리라고 약속하셨기 때문입니다(행1:9).

② 예수께서 하나님의 생명이 있는 자들을 다시 살려서 구원하시기 위함입니다(살전3:13, 살전4:16-17).

③ 공중에서 주를 영접하게 하기 위해서입니다(살전4:17).

④ 우리와 항상 함께 살기 위해서입니다(살전4:17). 공중에서 혼인잔치를 하고 천년왕국에 들어가 함께 왕 노릇을 하며 살기 위해 강림하십니다.

2. 강림하시는 목적은 무엇인가요?

강림의 목적은 두 가지입니다.

① 천국 복음으로 주님과 한 생명 된 성도들을 첫째 부활시켜서 천년왕국의 복을 누리게 하기 위함입니다(계20:4-6).

② 불신자들을 영원히 심판하시기 위함입니다(살후1:7-9).

3. 재림과 강림

1) 신학과 교리에서 예수님의 마지막 '강림'을 '재림'이라고 가르침으로

인해 성령과 함께 내 안에 두 번째 영으로 오신 그리스도를 보지 못하게 합니다.

2) 성경에 '재림'이라는 단어는 단 한 구절도 없습니다. 성경은 주님이 마지막 때에 오시는 것을 재림이라고 하지 않고 강림이라고 말씀합니다(고전 15:23. 살전1:10. 2:19. 3:13. 4:15. 4:16. 5:23. 살후1:10. 2:1. 2:8. 약5:7. 5:8. 벧후1:16. 3:4. 요일2:28).

이렇게 많은 곳에서 강림하신다고 말씀하시는데 왜 많은 사람들이 주님이 재림하신다고 알고, 또 믿고 있나요? 잘못된 신학, 교리로 인해 눈이 가리어져서 천국 복음을 보지 못하기 때문입니다.

천국 복음, 즉 내 안에 계신 그리스도는 하나님이 만세와 만대로부터 감추어 놓은 하나님의 비밀이기 때문입니다(골1:26-27). 하나님의 비밀이기에 하나님께서 깨닫게 하셔야 하고 성령께서 깨닫고 고백하게 하셔야 합니다.

예수님은 마24:14절에서 "이 천국 복음이 모든 민족에게 증거되기 위하여 온 세상에 전파되리니 그제야 끝이 오리라."고 말씀하셨습니다. 이 천국 복음이 모든 민족에게 증언되기 위하여 전파되면 주님은 장엄하신 모습으로 강림하실 것입니다(살전4:15-17).

결론적으로 말씀드리겠습니다.

하나님의 생명이 있는 자는 주님이 강림하실 때에 다 부활하여 구원을 받습니다. 강림하시는 주님을 맞이하고 공중에 휴거하여 혼인잔치에 참여하고 천년왕국에서 천 년 동안 주님과 함께 왕 노릇하게 되기를 주님의 이름으로 축원합니다. 아멘.

새 언약의 천국 복음

11

천년왕국의 복음

| 본문 | 계20:4-6

성경의 핵심 주제는 예수 그리스도입니다. 구약은 오실 예수님에 대한 말씀이고, 신약은 오신 예수님에 대한 말씀입니다. 그리고 또 하나의 핵심 주제는 하나님의 나라, 천국입니다.

천국은 현세적인 천국과 미래적인 천국이 있습니다. 현세적인 천국은 천국이신 예수님을 마음에 모시고 천국을 누리며 사는 심령 천국이고, 미래적인 천국은 천년왕국과 영원한 아버지 집 새 하늘과 새 땅, 새 예루살렘입니다.

오늘은 미래적인 천국인 천년왕국의 복음에 대해서 말씀드리겠습니다.

1. 성경에서 천국을 다섯 가지 의미로 말씀하고 있습니다.

① 육신을 입고 오신 예수님 자신이 천국입니다.
② 성령 안에, 성령과 함께 영으로 오신 그리스도가 천국입니다.
③ 성령으로 거듭나 성령의 전이 되어 사는 성도가 천국입니다(눅 17:21 심령 천국).

④ 천년왕국이 천국입니다. 천년왕국은 성령으로 거듭나 성령의 전(성전)이 되어서 천국 되어 사는 성도가 첫째 부활에 참여함으로 들어가는 천국입니다.

⑤ 영원한 아버지 나라, 새 하늘과 새 땅, 새 예루살렘이 천국입니다.

2. 첫째 부활과 천년왕국(계 20:4-6).

예수님을 믿는다고 해서 모두가 천년왕국에 들어갈 수 있는 것은 아닙니다. 그렇다면 누가 첫째 부활에 참여하여 천년왕국에 들어갈까요?

1) 첫째 부활에 참여하여 천년왕국에 들어갈 자에 대해서는 계20:4-6에서 말씀하고 있습니다.

① 예수를 증언하는 자,

② 하나님의 말씀 때문에 목 베임을 당한 자들의 영혼들,

③ 짐승과 그의 우상에게 경배하지도 아니한 자,

④ 이마와 손에 짐승의 표를 받지 아니한 자들입니다. 이들이 천년왕국에 들어가 천 년 동안 왕 노릇을 합니다.

2) 부활에는 순서(차례)가 있습니다.

먼저는 부활의 첫 열매인 그리스도요, 첫째는 그리스도께서 강림하실 때 그에게 속한 자요, 그 후에는 마지막 부활입니다(고전15:22-24).

3) 천년왕국은 첫째 부활에 참여한 자들만 들어갈 수 있습니다.

① 주님이 강림하실 때 첫째 부활에 참여할 성도들(영혼)을 데리고 오십니다(살전3:13, 살전4:13-15).

② 부활장인 고전 15장 결론에서 성도들에게 "흔들리지 말고 항상 주의 일에 더욱 힘쓰라. 너희 수고가 헛되지 않을 것이라"고 권면합니다.

부활은 수고한다고 되는 것이 아님에도 수고하라고 권면하는 것은 상을 예고하는 것이며, 그 상은 천년왕국을 말합니다. 일반적으로 알고 있는 예수님을 믿으면 부활한다는 것이 성도들에게는 비밀이 아닙니다. 사도 바울이 비밀이라고 말한 것은 첫째 부활과 천년왕국의 비밀입니다(고전15:51-58).

3. 천년왕국에 들어가려면 어떻게 살아야 할까요?

1) 사도 바울은 첫째 부활과 천년왕국을 소망하며 살았습니다(빌3:10-16).

바울은 부름의 상을 받기 위해, 곧 첫째 부활을 푯대(목표)로 삼고 달려갔습니다(빌3:10-14). 바울은 어떻게 해서든지, 무슨 일이 있어도 부활(푯대)에 이르기를 원했습니다. 그래서 그리스도에 대해, 부활의 권능에 대해 알기를 원하고, 그리스도의 죽으심과 그 고난을 본받기를 원하였습니다.

바울은 이미 얻은 것도, 이룬 것도, 붙잡은 것도 아니기에, 예수님의 손에 있는 그것, 하나님이 위에서 부르신 부르심의 상을 잡으려고 뒤도 보지 않고 앞만 보며 달려간다고 고백합니다. 바울이 푯대로 삼은 부활은 첫째 부활을 말하는 것이요, 그리스도 예수 안에서 하나님이 위에서 부르신 부르심의 상은 천년왕국을 말하는 것입니다.

2) 바울은 모든 일에 절제하고 자기 자신의 몸을 쳐 복종시키며 살았습니다.(고전15:31).

내가 죽어야 주님이 일하시고, 우리도 복음 안에서 그리스도의 마음으로 살 수 있습니다. 그래야 신앙의 경주를 마치는 그날에 버림을 당하지 않게 됩니다(고전9:24-27). 우리가 신앙의 경주를 하는 이유는 상을 받기 위함입니다. '상'이 무엇일까요? 첫째 부활과 천년왕국입니다.

3) 바울은 오직 믿음으로 살았습니다(롬1:17, 딤후4:7-8).

오직 의인은 믿음으로 살아야 합니다. 어떤 믿음입니까? 내 안에 계신 예수 그리스도를 믿는 믿음입니다. 갈2:20절을 보십시오. 내 안에 계신 예수 그리스도를 믿는 믿음이 하나님의 비밀이요 곧 새 언약의 천국 복음입니다. 예수님을 믿는다고 해서 모든 사람이 다 천년왕국에 들어가는 것은 아닙니다. 새 언약으로 사는 사람이 믿음으로 사는 것입니다.

결론적으로 말씀드리겠습니다.

하나님의 생명이 있는 자는 다 부활하여 구원을 받습니다. 그러나 복음을 깨달은 성도라면 첫째 부활에 참여하여 천년왕국에 들어가야 합니다. 이는 사도바울이 달려가는 목표였습니다. 우리도 이 목표를

　　　　　　　　　새 언약의 천국 복음

향하여 달려가야 할 것입니다.

위에서 부르신 부름의 상이 천년왕국에 들어가 천 년 동안 주님과 더불어 왕 노릇을 하는 것입니다. 첫째 부활에 참예하여 천년왕국에서 그리스도로 더불어 천 년 동안 왕 노릇하는 상급을 받는 여러분 되시기를 주님의 이름으로 축원합니다.

12

새 예루살렘의 복음

| 본문 | 계21:1-8

오늘은 예수님의 생애 복음 마지막 시간으로 새 하늘과 새 땅, 새 예루살렘의 복음에 대해서 말씀드리겠습니다.

솔로몬은 '해 아래는 새것이 없다.'고 했습니다(전1:9-10). 그러나 사도 바울은 '누구든지 예수 그리스도 안에 있으면 새로운 피조물이라'고 하십니다(고후5:17). 사도 요한은 예수 그리스도 안에서 새롭게 거듭난 성도들이 장차 얻게 될 나라가 바로 천년왕국 이후에 펼쳐질 새 하늘과 새 땅, 새 예루살렘이라고 오늘 본문에서 말씀하고 있습니다.

1. 새 하늘과 새 땅은 어떻게 예비되나요?

메시아의 통치를 보여 주신 천년왕국과 백보좌 심판이 끝나면, 우리가 알고 있는 땅과 하늘은 사라지고 새 하늘과 새 땅이 펼쳐질 것입니다(계21:1). 만물을 새롭게 하셨다고 선언하십니다(계21:5).

그럼 새 하늘과 새 땅은 어떻게 조성될까요? 베드로 사도는 벧후 3:10-13절에서 하늘이 불에 타서 큰 소리로 떠나가고, 체질이 뜨거운 불에 녹아져 풀어짐으로 처음 하늘과 처음 땅이 사라지고, 지금까지 우리가 경험하지 못했던 새 하늘과 새 땅이 펼쳐질 것을 말씀하고 있습니다.

지금 우리가 보고 있는 세상과는 완전히 다른 새 하늘과 새 땅을 창조주 하나님은 우리를 위하여 지으십니다.

2. 새 예루살렘은 어떤 곳일까요?

새 하늘과 새 땅을 지으신 하나님께서 구속받은 하나님의 백성들과 함께 머물 거룩한 성 새 예루살렘을 준비해 놓으셨습니다(계21:2-3).

1) 거룩한 성 새 예루살렘은 하나님께서 그의 택한 백성들과 함께 거하시기 위해서 예비하신 하나님의 장막입니다(계21:3).

"하나님의 장막이 함께 있다."는 말씀은

① 출애굽 당시 광야 40년 동안 장막에 머물며 낮에는 구름 기둥 밤에는 불기둥으로 함께해 주셨던 하나님의 모습입니다.

② "저희와 함께 거하시리니"라는 말씀에서 '거하다'는 단어는 '장막을 치다'는 뜻으로 예수님의 성육신의 모습입니다(요1:14).

③ 성경적 의미에서 천국은 하나님이 계신 곳입니다. 새 예루살렘은 바로 하나님의 임재의 역사가 영원히 떠나지 않는 궁극적인 하나님의 나라, 천국인 것입니다.

2) 거룩한 성 새 예루살렘은 하나님께로부터 하늘에서 내려옵니다(계 21:2).

하나님의 나라는 하나님이 만드셔서 우리에게 주시는 선물입니다. 천국과 영생은 위로부터 주어지는 선물입니다. 우리의 노력과 수고로 얻을 수 있는 것이 아닙니다. 하나님의 나라는 위로부터 주어지는 것입니다(마6:10).

3) 새 예루살렘은 어떤 모습일까요?

(1) 새 예루살렘의 모습은 신부가 남편을 위하여 단장한 것 같습니다(계21:2). 구약에서는 하나님의 택함받은 이스라엘을 여호와의 신부로 표현하고, 신약에서는 교회를 그리스도의 신부로 표현하고 있습니다. 또한 구속받은 하나님의 백성들을 신부로 표현하고 있습니다. 남편을 위하여 빛나고 깨끗한 세마포로 단장한 신부와 같은 성도들과 신랑 되신 예수님이 영원히 함께하며 기쁨을 나누는 곳. 그곳이 바로 새 예루살렘, 영원한 천국인 것입니다.

(2) 새 예루살렘에 없는 것은 무엇일까요?

① 눈물이 없습니다. 눈물은 이 땅에서 성도들이 믿음을 지키고 사명을 감당하려다 흘린 것입니다. 이 땅에서 우리가 믿음을 지키고 사명을 감당하면서 흘려야 하는 눈물이 있습니다. 그런데 우리가 새 예루살렘에 들어가면, 하나님께서 친히 이 눈물을 씻겨 주십니다. 그러므로 눈물이 없습니다.

② 사망도 없습니다. 죽음은 인간이 범죄 함으로 찾아온 저주인데,

이 저주가 사라진 곳이 바로 새 예루살렘입니다. 생명만 있는 곳입니다. 이곳에서 구속받은 성도들은 신랑 되신 예수님과 영생을 누리며 함께하게 될 것입니다.

③ 질병이 없습니다(계21:4). 육신을 벗고 영광스런 몸으로 변화하기 때문입니다.

④ 밤이 없습니다(계21:23, 25). 하나님의 영광이 비치고 어린양이 그 등불이 되기기 때문입니다.

⑤ 저주가 없습니다(계22:3) 죄가 없기 때문입니다.

(3) 새 예루살렘에 있는 것은 무엇일까요?

① 하나님의 영광이 가득합니다(계21:11, 23).

② 성과 열두 보석으로 꾸민 성곽이 있습니다(계21:12, 14, 18).

③ 열두 진주문이 있습니다(계21:12, 21).

④ 황금 길이 있습니다(계21:21).

⑤ 생명수 강이 흐릅니다(계22:1-2).

⑥ 생명나무가 있습니다(계22:2).

3. 새 예루살렘에는 누가 들어갈까요?

1) 목마른 자입니다(계21:6).

목마른 자에게 생수의 은혜를 주하십니다. 산상수훈에서도 '의에 주리고 목마른 자는 복이 있다.'고 했습니다. 누가 하나님의 나라를 유업으로 얻을 수 있습니까? 주리고 목마른 자입니다. 하나님의 은혜를 사모하는 자가 새 예루살렘에서 생명수 샘물을 마시게 될 것입니다.

2) 이기는 자입니다(계21:7).

믿음은 시작보다 끝이 중요합니다. 마지막까지 영적 싸움을 잘 싸우고 이기는 자가 하나님의 나라를 유업으로 얻게 될 것입니다.

3) 어린양의 생명책에 기록된 자입니다(계21:27).

주님을 영접하면 하나님의 자녀가 되고, 하늘의 시민권을 가지게 되며 그 이름이 생명책에 기록됩니다(요1:12, 빌3:20).

결론적으로 말씀드리겠습니다.

우리가 그리스도 예수 안에서 거듭나지 않으면 해 아래서는 새것이 있을 수 없습니다. 예수를 믿고 새롭게 거듭난 성도들은 장차 궁극적인 하나님의 나라인 새 하늘과 새 땅, 새 예루살렘을 얻게 될 것입니다.

천국이신 주님과 한 생명 되어 천국을 누리며 새 하늘과 새 땅, 새 예루살렘에 대한 소망을 가지고 날마다 주님과 동행하는 삶을 살아갈 수 있기를, 주님의 이름으로 축원합니다.

3장   천국 복음

01
천국 복음

| 본문 | 마24:14

기독교의 사명은 온 천하 만민에게 복음을 전하여 영혼을 구원하는 것입니다.

막16:15절에 "너희는 온 천하에 다니며 만민에게 복음을 전파하라."고 했습니다. 무슨 복음을 온 천하 만민에게 전파하라고 하셨습니까? 마24:14절에 "이 천국 복음이 모든 민족에게 증언되기 위하여 온 세상에 전파되리니 그제야 끝이 오리라."고 하셨습니다. 온 천하 만민에게 천국 복음을 전파하라고 하셨습니다. 그래서 오늘은 천국 복음에 대해서 말씀드리겠습니다.

1. 천국이란 무엇일까요?

성경은 천국을 다섯 가지 개념으로 말씀하고 있습니다.

1) 육신의 몸을 입고 오셨던 예수님 자신이 천국입니다.

마4:17절에 "회개하라 천국이 가까이 왔느니라."고 하셨는데, 예수님이 천국으로 왔다는 선언입니다.

2) 오순절 날 성령과 함께 영으로 오신 예수 그리스도가 천국입니다.

마16:28절에 "진실로 너희에게 이르노니 여기 서 있는 사람 중에 죽기 전에 인자가 그 왕권을 가지고 오는 것을 볼 자들도 있느니라."라고 했고, 요14:20절에 "그날에는 내가 아버지 안에, 너희가 내 안에, 내가 너희 안에 있는 것을 너희가 알리라."고 했습니다. 그날은 오순절 날을 가리킵니다.

3) 성령으로 거듭나 예수 그리스도와 함께 사는 심령이 천국입니다.

눅17:21절에 "…천국은 너희 안에 있느니라."고 했습니다. 찬송가 438장에 "초막이나 궁궐이나 내 주 예수 모신 곳이 그 어디나 하늘나라."라고 했습니다.

4) 천년왕국이 천국입니다(계20:4-6).

5) 낙원과 영원한 아버지 집 새 하늘과 새 땅이 천국입니다(계21:1-7).

천국은 현세적이며 미래적입니다. 천국이신 예수님을 심령에 모시고 사는 사람은 현세적인 천국을 누리는 사람이고, 죽어서 들어가는 천년왕국과 새 하늘과 새 땅은 미래적인 천국입니다.

2. 복음이란 무엇일까요?

1) 복음이란 기쁜 소식이라는 의미인데, 복음의 실체는 예수 그리스도입

니다. 막 1:1절에 "하나님의 아들 예수 그리스도의 복음의 시작이라."고 했습니다.

① 이 땅에서의 성공과 축복을 전하는 것은 복음이 아닙니다. 율법과 행위를 전하는 것도 복음이 아닙니다.

② 십자가에서 죽으신 예수님은 슬픈 소식입니다.

③ 3일 만에 부활하신 예수님은 기쁜 소식입니다(마28:8).

④ 그 주님이 내 안에 들어오셔서 나와 함께 사신다(계3:20)는 것은 더 기쁜 소식입니다.

⑤ 그 주님이 나를 구원하셔서 영원한 천국으로 인도하신다는 것은 최고의 기쁜 소식입니다.

2) 그러므로 복음이란 새 언약의 중보자로 오셔서 십자가에 죽으시고, 부활하시고, 승천하셔서 하늘과 땅에 모든 권세를 가지신 주님께서 내 안에 들어오셔서 주님과 한 몸 되고, 한 생명 되어 천국 누리며 살다가 영원한 천국에 들어가는 것입니다.

3. 예수님이 전하신 복음

예수님은 무슨 복음을 전파하셨을까요? 예수님께서 천국으로 오셔서 천국 복음을 전파하셨습니다(마4:23, 마9:35). 이 천국 복음이 땅끝까지 전파되어야 그제야 끝이 옵니다(마24:14).

1) 그러면 천국 복음이란 무엇일까요?

천국 복음은 하나님께서 렘31:31-33, 겔11:19-20, 겔36:25-27절에 약속하신 "새 영을 너희 속에 두고, 새 마음을 너희에게 주고, 내 법을 너희 마음에 새겨 나는 너희 하나님이 되고 너희는 내 백성이 되리라."는 새 언약입니다. 한마디로 말하면, 하나님이 내 안에 들어오시겠다는 것입니다. 이 새 언약이 천국 복음입니다.

2) 하나님은 이 새 언약을 이루시기 위해,

① 이 땅에 예수님을 새 언약의 중보자로 보내셨습니다. 히9:15절에 "이로 말미암아 그는 새 언약의 중보자시니 이는 첫 언약 때에 범한 죄에서 속량하려고 죽으사 부르심을 입은 자로 하여금 영원한 기업의 약속을 얻게 하려 하심이라."고 하셨습니다.

② 이 세상에 오신 예수님은 하나님 아버지 뜻에 전적으로 순종하셨습니다(요6:38-40).

③ 하나님은 새 언약을 이루시기 위해 예수님에게 천국 복음을 전하게 하시고(마4:23, 9:35), 모든 비유는 다 천국 비유입니다. 우리의 모든 죄를 속량하시려고 예수님을 십자가 위에서 죽게 하셨습니다(히9:15, 살전5:10).

④ 하나님은 새 언약을 이루시기 위해 예수님을 죽은 자 가운데서 3일 만에 부활시키셨습니다.

⑤ 하나님은 새 언약을 이루시기 위해 예수님을 하늘로 올리우셔서 우리의 과거, 현재, 미래의 죄를 사해 주시고 하늘 보좌 우편에 앉히셨습니다. 히 8:12-13절에 "…그들의 죄를 다시 기억하지 아니하리

라 새 언약이라 말씀하셨으매”라고 하셨습니다.

⑥ 하나님은 새 언약을 이루시기 위해 택한 백성들과 영원히 함께하시려고 예수님에게 왕권을 주시어 오순절에 성령과 함께 그리스도(부활의 영)로 보내셨습니다. 마16:28절 “…여기 서 있는 사람 중에 죽기 전에 인자가 그 왕권을 가지고 오는 것을 볼 자들도 있느니라.”고 하셨습니다. 마28:18절에 “예수께서 하늘과 땅의 모든 권세를 내게 주셨으니.…볼지어다. 내가 세상 끝 날까지 너희와 항상 함께 있으리라.”고 하셨습니다.

⑦ 이 예수 그리스도를 나의 왕으로, 나의 주인으로, 나의 머리로, 나의 생명으로, 나의 삶의 전부로 영접하고 믿으면 구원을 받습니다 (계 3:20). 이 복음이 성령의 감동으로 이해되고 깨달아지고 믿어져서 내 입술로 확실히 고백할 때, 예수 그리스도는 성령 안에서 나를 성전 삼고 내주하십니다.

결론적으로 말씀드리겠습니다.

주님을 머리로, 왕으로, 주인으로 생명으로 고백할 때 주님과 하나가 되어 심령의 천국이 이루어지며, 천국 되어 살다가 영원한 천국에 들어가는 것입니다. 이것이 바로 천국 복음입니다.

천국 복음은

① 예수님이 내 안에 들어오시는 것입니다(계3:20).

② 주님이 내 안에 사시는 것입니다(갈2:20).

③ 내 안에 살아 계신 그리스도가 하나님의 비밀입니다(골1:26-27).

날마다 내 안에 계신 그리스도로 말미암아 심령에 천국을 누리며 천국 복음을 증거하는 천국 복음의 일꾼 되시기를 주님의 이름으로 축원합니다.

예수님이 전한 복음

| 본문 | 막1:14-15

복음이란 기쁜 소식이라는 의미인데, 복음의 실체는 예수님입니다.(막1:1).

① 이 땅에서의 성공과 축복을 전하는 것은 복음이 아닙니다. 율법과 행위를 전하는 것도 복음이 아닙니다.

② 십자가에서 죽으신 예수님은 슬픈 소식입니다.

③ 3일 만에 부활하신 예수님은 기쁜 소식입니다(마28:8).

④ 그 주님이 내 안에 들어오셔서 나와 함께 사신다(계3:20)는 것은 더 기쁜 소식입니다.

⑤ 그 주님이 나를 구원하셔서 천국으로 인도하신다는 것은 최고의 기쁜 소식입니다.

복음이란 새 언약의 중보자로 오셔서 십자가에 죽으시고 부활하시고 승천하셔서 하늘과 땅에 모든 권세를 가지신 주님께서 내 안에 들어오셔서 주님과 한 몸 되고, 한 생명 되어 천국 누리며 살다가 영원한 천국에 들어가는 것이 복음입니다. 이것이 천국 복음입니다.

1. 예수님이 전한 복음

예수께서 하나님의 복음을 전파하고 복음을 믿으라고 했는데, 무슨 복음인가요?

1) 천국 복음을 전파하셨습니다(마4:23, 마9:35).

예수님이 전한 복음은 천국 복음입니다. 성경은 명확하게 말씀하고 있습니다. 예수님이 전한 모든 비유는 천국 비유입니다. 천국 비유 아닌 것은 하나도 없습니다. 예수님이 천국입니다. 예수님은 천국으로 오셔서 천국 복음을 전하시고, 승천하시기 직전까지 하나님의 나라 천국 복음을 전하셨습니다(행1:3절).

2) 제자들도 천국 복음을 전파하였습니다.

초대교회 빌립집사도 하나님 나라를 전파하였습니다(행8:12절). 사도 바울도 하나님의 나라, 천국 복음을 전파하였습니다(행20:25, 행28:31). 사도들도 하나님의 나라 천국 복음을 전파했습니다.

3) 그러면 우리가 전해야 할 복음은 무엇일까요?

예수님이 전한 천국 복음을 전해야 합니다. 예수님은 천국 복음을 전하셨습니다. 이 천국 복음이 모든 민족에게 전파되면 끝이 옵니다 (마24:14절). 다른 복음은 없습니다. 예수님이 전한 천국 복음, 사도들이 전한 하나님의 나라 천국 복음을 전해야 합니다. 다른 복음을 전하면 저주를 받는다고 했습니다(갈1:6-9절).

그래도 복받으라고 기복을 전하겠습니까? 열심히 노력하라고 행위를 전하겠습니까? 선하게 삶으라고 윤리 도덕을 전하겠습니까? '하라'와 '하지 말라'라는 율법을 전하겠습니까?

복음은 내가 하는 것이 아니라 내 안에 계신 주님이 하게 하시는 것입니다. 복음은 주님의 생명으로 사는 것입니다. 이 천국 복음이 온 세상에 전파되어야 끝이 옵니다. 주님이 강림하십니다.

2. 누가 천국 복음을 전할 수 있습니까?

전도는 생명을 살리는 것입니다. 영혼을 구원하는 것입니다. 생명 있는 자만이 전도할 수 있습니다(요1서5:11-12). 죽은 자가 어떻게 생명을 전할 수 있겠습니까? 생명이 없는데 어떻게 생명을 낳을 수 있겠습니까? 생명이 있는 자만이 천국 복음을 깨닫고 전할 수 있습니다.

생명이 없는 자는 청해 오는 자입니다. 청함을 받은 자는 많습니다. 택함받은 자는 적습니다(마22:14). 왜냐하면 생명이 생명을 낳기 때문입니다.

3. 천국 복음의 핵심은 무엇입니까?

예수 그리스도가 복음입니다(막1:1). 예수님의 탄생, 십자가의 죽으심, 부활, 승천, 승귀, 다시 오심, 임마누엘, 강림, 천년왕국, 새 하늘과 새 땅 등 예수님의 생애가 복음이요, 예수님의 말씀이 복음입니다.

1) 그러면 복음의 핵심은 무엇일까요?

예수님이 복음인데, 어디에 계신 예수 그리스도인가요? 내 안에 계신 예수 그리스도입니다. 이것이 복음의 핵심입니다.

골1:26-27절에 "이 비밀은 만세와 만대로부터 감추었던 것인데 이제는 그의 성도들에게 나타났고 하나님이 그들로 하여금 이 비밀의 영광이 이방인 가운데 얼마나 풍성한지를 알게 하려 하심이라 이 비밀은 너희 안에 계신 그리스도시니 곧 영광의 소망이니라."고 했습니다.

내 안에 계신 예수 그리스도가 하나님의 비밀입니다(골1:26-27절). 복음의 비밀입니다(계3:20). 생명의 비밀입니다(요1서5:11-12). 구원의 비밀입니다(고후13:5). 천국의 비밀입니다(눅17:21).

내 안에 계신 예수 그리스도를 믿는 믿음이 참믿음입니다(갈2:20). 내 안에 그리스도께서 계시지 않으시면 버림받은 사람입니다(고후13:5).

2) 내 안에 들어오신 예수님은 언제 오셨나요?

오순절 성령 강림하실 때 주님이 영으로, 그리스도로 성령과 함께 오셨습니다(요14:20, 마16:28). 부활체의 몸은 물론 하나님 보좌 우편에 계시다가 종말의 때에 장엄한 모습으로 강림하십니다.

결론적으로 말씀드리겠습니다.

내 안에 계신 예수 그리스도가 하나님의 비밀입니다. 하나님의 비밀이기에 성령께서 깨닫게 하셔야 깨달아지고 믿어지고 고백됩니다. 지식이 아닙니다. 이론이 아닙니다. 하나님의 비밀입니다.

심령에 예수그리스도를 모시고 천국 되어 살다가 영원한 천국에 들어가는 복음이 천국 복음입니다. 심령 천국 되어 하나님 나라가 확장되도록 천국 복음을 전하는 새 언약의 일꾼이 되시기를 주님의 이름으로 축원합니다.

새 언약의 천국 복음

03

하나님 나라(천국)

| 본문 | 마 4:17

성경의 핵심적인 주제는 하나님의 나라입니다. 예수님과 사도들이 전한 중심 메시지는 하나님 나라입니다. 하나님 나라와 천국은 같은 의미입니다.

오늘은 '하나님 나라 (천국)'에 대해서 말씀드리겠습니다.

1. 하나님 나라의 일반적 개념을 살펴보겠습니다.

세상의 나라를 이루려면 세 가지 요소가 필요합니다. 즉 주권, 국민, 영토가 있어야 합니다.

1) 하나님 나라도 하나님의 주권, 하나님의 백성, 그리고 하나님의 주권적 은혜의 통치가 미치는 모든 영역을 하나님 나라라고 합니다.

2) 하나님 나라는 이 세상 나라처럼 지리적·시간적 제한을 받는 어떤 장소나 공간적인 개념이 아니라, 이 세상에 속하지 않은 구원받은 하나님의 자녀들의 세계를 지칭하는 하나님의 초자연적 나라를 말합니다.

3) 하나님 나라는 현재성과 미래성을 갖고 있습니다.

하나님 나라는 예수 그리스도의 성육신으로 인하여 이미 이 땅에 실체적으로 도래하였습니다. 예수 그리스도께서 부활의 생명으로 성령과 함께 우리 안에 들어오심으로 이미 이 땅에 하나님의 나라가 임하였습니다. 그리고 미래에 새 하늘과 새 땅에서도 영원히 계속될 것입니다.

4) 많은 사람들이 예수 천당이라 하여 미래적인 천당을 이야기합니다.

물론 틀린 말은 아니지만 그것이 전부는 아닙니다. 예수님이 전하신 천국 복음은 현재 천국 되어 천국을 누리며 살다가 영원한 천국에 들어가는 기쁜 소식입니다. 따라서 현재 천국이 되어 천국을 누리지 못하는 사람에게 미래 천국은 보장될 수 없습니다.

2. 성경의 핵심 주제는 하나님 나라입니다.

성경은 하나님의 나라로 시작하여 하나님의 나라로 끝이 납니다. 창세기에 에덴동산 하나님의 나라로 시작하여 요한계시록 21장과 22장 새 하늘 새 땅, 하나님의 영원한 나라로 끝이 납니다.

① 하나님 나라는 세례 요한이 선포한 첫 메시지입니다(마3:1-2).

② 하나님의 나라는 예수님께서 선포한 첫 메시지입니다(마4:17).

③ 제자들을 둘씩둘씩 파송하실 때에도 하나님 나라 전파를 명령하셨습니다(눅9:1-2).

④ 예수님은 부활하신 후 40일 동안에도 하나님 나라의 일을 말씀하셨습니다(행1:3).

⑤ 사도바울도 하나님의 나라를 전파했습니다(행20:25, 행28:31).

⑥ 우리가 먼저 구해야 할 기도 제목은 하나님 나라입니다(마6:33). 하나님의 나라를 구하는 기도는 하나님 자신을 구하는 기도이며, 천국 되어 살기를 구하는 기도이며, 천국이신 내 안에 계신 주님으로 말미암아 살기를 구하는 기도입니다.

⑦ 하나님의 자녀들이 받는 가장 큰 복은 하나님 나라를 기업으로 상속받는 것입니다(마13:43, 마25:34). 즉, 성령으로 거듭나 하나님의 성전이 되어 성령의 음성을 듣고, 천국의 삶을 살다가 천국에 들어가서 하나님 나라를 기업으로 상속받는 것입니다.

3. 예수님이 전하신 천국 복음은 무엇인가요?

1) 천국 복음은 천국 되어 사는 기쁜 소식입니다.

예수님은 예수님 자신이 천국으로 오셔서 천국의 삶을 사시면서 천국 되어 사는 기쁜 소식, 곧 천국 복음을 전파하셨습니다(마4:23-24, 마9:35). 이 천국 복음이 모든 민족에게 전파되면 끝이 옵니다(마24:14).

2) 그러나 오늘날 천국 복음이 천당 복음으로 왜곡되고, 기복주의 신앙이나 성공주의, 또는 세상 종교 철학이나 사상, 율법주의, 도덕, 윤리로 변

질되어서 다른 복음을 전하고 가르치는 수많은 거짓 선생들이 있습니다.

이들은 천국 복음을 깨닫지 못해서 복음이 무엇인지 모르기에 다른 복음을 전하고 있는 것입니다. 왜냐하면 예수님이 전하신 천국 복음이 가리어져 있기 때문입니다(고후4:3-4).

3) 사도 바울은 천국 복음 외에 다른 복음을 전하는 자들을 향해 저주를 선포하고 있습니다(갈1:7-9). 다른 복음은 없습니다.

결론적으로 말씀드리겠습니다.

막16:15절에 "너희는 온 천하에 다니며 만민에게 복음을 전파하라"고 하셨습니다. 무슨 복음입니까?

마24:14절에 "이 천국 복음이 모든 민족에게 증언되기 위하여 온 세상에 전파되리니 그제야 끝이 오리라."고 했습니다. 천국 복음을 전해야 합니다. 하나님의 나라를 전해야 합니다. 주님이 전하신 천국 복음을 전해야 합니다. 제자들이 전한 복음도 하나님의 나라 천국 복음입니다(행8:12, 행20:25, 행28:31).

천국 복음은 새 언약의 중보자가 되시고 천국이신 예수님을 마음에 모시고 주님과 한 생명 되고, 나는 주님의 성전 되어 주님의 음성을 들으며 천국 되어 살다가 영원한 천국에 들어가는 복음입니다. 이 복음 전하는 새 언약의 일꾼 되시기를 축원합니다.

04

하나님의 비밀

| 본문 | 골1:26-27

오늘 본문에는 만세와 만대로부터 지금까지 감추었던 하나님의 비밀이 있습니다. 이 비밀이 무엇일까요? 이 비밀은 너희 안에 계신 그리스도라고 말씀하고 있습니다.

구약에 하나님이 맹세로 약속하신 새 언약이 비밀입니다(렘 31:31-33, 겔11:19-20, 겔36:26-28). 이 새 언약은 주님이 전하신 천국 복음입니다(마4:23, 마9:35, 마24:14). 새 언약의 천국 복음은 바로 우리 안에 계신 예수 그리스도입니다. 새 언약의 천국 복음, 즉 내 안에 계신 그리스도는 창세전부터 하나님의 지혜로 감추어 놓은 비밀입니다.

새 언약은 비밀입니다. 천국 복음은 비밀입니다. 우리 안에 계신 예수 그리스도는 비밀입니다. 그러므로 세상의 지혜로는 깨달을 수 없습니다(마11:25-26). 오직 내 안에 계신 성령께서 깨닫게 하셔야 하나님의 비밀을 알 수 있습니다(요14:26). 새 언약의 천국 복음, 즉 내 안에 계신 그리스도는 하나님의 비밀입니다.

어떤 비밀입니까?

1. 구원의 비밀입니다.

1) 예수님이 내 안에 계시지 않으면 구원받지 못한 사람입니다.

고후13:5절에 "너희는 믿음 안에 있는가 너희 자신을 시험하고 너희 자신을 확증하라 예수 그리스도께서 너희 안에 계신 줄을 너희가 스스로 알지 못하느냐 그렇지 않으면 너희는 버림받은 자니라."라고 했습니다. 예수 그리스도께서 내 안에 계시지 아니하면 버림받은 자입니다. 여기에 버림받은 자란 구원받을 수 없다는 뜻입니다.

2) 우리 안에 예수 그리스도께서 계시기 전에는 엡 2:1-3절을 보면 우리는 허물과 죄로 죽는 자입니다.

그래서 공중권세 잡은 자를 따랐습니다. 본질상 진노의 자녀였습니다. 육체로는 이방인이요, 그리스도 밖에 있었고, 이스라엘 나라 밖의 사람이요, 약속의 언약들에 대하여는 외인이요, 세상에서 소망이 없고 하나님도 없는 자였습니다.

3) 그러나 이제는 전에 멀리 있던 너희가 그리스도 예수 안에서 그리스도의 피로 가까워졌다고 했습니다.

그리스도께서 내 안에 거하시면 엡2:19절에 "그러므로 이제부터 너희는 외인도 아니요 나그네도 아니요 오직 성도들과 동일한 시민이요 하나님의 권속이라"고 했습니다. 요1:12절에 "영접하는 자, 곧 그 이름을 믿는 자들에게는 하나님의 자녀가 되는 권세를 주셨으니"라고 했습니다. 예수님이 내 안에 들어오셔야 구원받은 하나님의 자녀입니다.

2. 복음의 비밀입니다.

1) 복음이 무엇인가요?

막1:1절에 "하나님의 아들 예수 그리스도의 복음의 시작이라."고 했습니다. 예수님 자신이 복음입니다. 예수님의 생애가 복음입니다. 그분의 말씀이 복음입니다. 막16:15 "또 이르시되 너희는 온 천하에 다니며 만민에게 복음을 전파하라."고 했습니다. 마24:14절에 "이 천국 복음이 모든 민족에게 증거 되기 위하여 온 세상에 전파되리니 그제야 끝이 오리라."고 했습니다.

2) 무슨 복음을 전파해야 하나요?

천국 복음입니다. 이 천국 복음은 구약의 새 언약이요, 내 안에 계신 예수 그리스도입니다. 천국이신 예수님을 마음에 모시고 천국 되어 살다가 영원한 천국에 들어가는 복음이 천국 복음입니다.

3. 생명의 비밀입니다.

1) 우리 안에 그리스도께서 계시지 않으면 생명이 없습니다.

여기서 생명은 영원한 생명, 영생, 곧 하나님의 생명입니다. 요 5:26절에 "아버지께서 자기 속에 생명이 있음같이 아들에게도 생명을 주어 그 속에 있게 하셨고 또 인자됨을 인하여 심판하는 권세를 주셨느니라."고 했습니다.

2) 이 생명을 아들에게 주어 그 속에 있게 하였습니다.

요일5:11-12절에 "또 증거는 이것이니, 하나님이 우리에게 영생을 주신 것과 이 생명이 그의 아들 안에 있는 그것이니라. 아들이 있는 자에게는 생명이 있고 하나님의 아들이 없는 자에게는 생명이 없느니라."라고 했습니다.

3) 예수님은 길이요 진리요 생명이십니다.

요14:6절에 "예수께서 가라사대 내가 곧 길이요 진리요 생명이니 나로 말미암지 않고는 아버지께로 올 자가 없느니라."고 했습니다. 생명이신 예수 그리스도가 내 안에 계셔야 생명이 있고 예수님이 내 안에 계시지 않으면 생명이 없습니다. 예수 안에 생명이 있습니다.

4. 천국의 비밀입니다.

1) 내 안에 계신 예수 그리스도는 천국의 비밀입니다.

마13:10-11절에 "제자들이 예수께 나아와 이르되 어찌하여 그들에게 비유로 말씀하시나이까 대답하여 이르시되 천국의 비밀을 아는 것이 너희에게는 허락되었으나 그들에게는 아니 되었나니…"라고 했습니다.

2) 예수님이 천국이십니다.

마4:17절에 "회개하라 천국이 가까이 왔느니라." 이 말씀은 예수님께서 내가 천국으로 왔다는 선언입니다. 눅17:20-21절에 "바리새인들이 하나님의 나라가 어느 때에 임하나이까 묻거늘 예수께서 대답하여 이르시되 하나님의 나라는 볼 수 있게 임하는 것이 아니요 또 여기 있다 저기 있다고도 못하리니 하나님의 나라는 너희 안에 있느니라." 고 했습니다.

초막이나 궁궐이나 내 주 예수 모신 곳이 하나님의 나라입니다. 예수님이 계신 곳이 천국입니다.

결론적으로 말씀드리겠습니다.

내 안에 계신 예수 그리스도는 하나님의 비밀입니다. 구원의 비밀입니다. 복음의 비밀입니다. 생명의 비밀입니다. 천국의 비밀입니다. 여러분 안에 계신 그리스도로 말미암아 날마다 복음으로 살고, 주님의 생명으로 살고, 천국 되어 살다가 영원한 천국에서 영생복락 누리기를 주님의 이름으로 축원합니다.

05

이 땅에 오신 예수님

| 본문 | 마1:21-23

예수 그리스도는 지금 어디에 계시나요? 많은 신자들이 내 안에 그리스도가 계시다는 것을 믿고 있습니다. 갈2:20, 고후13:5절에 말씀하고 있습니다.

그러면 그리스도께서는 언제 오셨나요? 오순절 성령강림 때 성령과 함께 영으로 오셨습니다. 그리스도 안에는 아버지가 영으로 계십니다. 즉 삼위 하나님이 오신 것입니다(요14:16-24).

그렇다면 예수 그리스도는 이 땅에 몇 번 오시나요? 세 번입니다. 첫 번째는 우리와 같은 육신으로 오셨고, 두 번째는 영으로 오셨고, 세 번째는 부활체의 몸으로 강림하실 것입니다. 오늘은 이 땅에 오신 예수님에 대해서 말씀드리겠습니다.

1. 예수님께서 육신의 몸을 입고 이 땅에 오셨습니다.

1) 예수님이 이 땅에 오실 때 예수와 임마누엘의 이름을 갖고 오셨습니다(마1:21, 23).

예수는 '구원자'란 의미이고, 임마누엘은 '하나님이 우리와 함께 계시다'란 의미입니다. 다시 말해, 예수님이 성육신 하신 목적은 두 가지입니다. 첫째, 우리를 죄에서 구원하시기 위함이요, 둘째, 우리와 함께 영원히 살기 위함입니다. 살전5:10절에 "예수께서 우리를 위하여 죽으사 우리로 하여금 깨어 있든지 자든지 자기와 함께 살게 하려 하셨느니라."라고 했습니다.

2) 임마누엘은 육신을 입고 이 땅에 오신 예수님에게 붙일 수 있는 이름이 아닙니다.

육신으로 오신 분이 어떻게 우리와 함께 계실 수 있습니까? 우리와 영원히 함께하시려면 영으로 오셔야 합니다. 그러므로 성령과 함께 오셔서 믿는 자들의 마음에 계시는 그리스도가 임마누엘입니다.

2. 예수 그리스도께서 성령과 함께 내 안에 오셨습니다.

1) 성령님께서 우리(내) 안에 오셨습니다.

요14:16-17절에 "내가 아버지께 구하겠으니 그가 또 다른 보혜사를 너희에게 주사 영원토록 너희와 함께 있게 하리니 그는 진리의 영이라 세상은 능히 그를 받지 못하나니 이는 그를 보지도 못하고 알지도 못함이라 그러나 너희는 그를 아나니 그는 너희와 함께 거하심이요 또 너희 속에 계시겠음이라."고 하셨습니다.

2) 예수 그리스도께서 우리(내) 안에 오셨습니다.

18-20절에 "내가 너희를 고아와 같이 버려두지 아니하고 너희에게로 오리라. 조금 있으면 세상은 다시 나를 보지 못할 것이로되 너희는 나를 보리니 내가 살아 있고 너희도 살아 있겠음이니라. 그 날에는(오순절 성령강림) 내가 아버지 안에, 너희가 내 안에, 내가 너희 안에 있는 것을 너희가 알리라."고 하셨습니다.

3) 예수 그리스도와 아버지 하나님과 성령님께서 우리(내) 안에 오셨습니다.

23절에 "예수께서 대답하여 이르시되 사람이 나를 사랑하면 내 말을 지키리니 내 아버지께서 그를 사랑하실 것이요 우리가 그에게 가서 거처를 그와 함께하리라."고 하셨습니다.

마16:28절에 "진실로 너희에게 이르노니 여기 서 있는 사람 중에 죽기 전에 인자가 그 왕권을 가지고 오는 것을 볼 자들도 있느니라."라고 했고, 마28:18절에 부활하신 예수님께서 "예수께서 나아와 말씀하여 이르시되 하늘과 땅의 모든 권세를 내게 주셨으니", 20절에 "…볼지어다 내가 세상 끝 날까지 너희와 항상 함께 있으리라 하시니라."고 했습니다.

4) 많은 목회자와 교인들이 그리스도께서 왕권을 가지고 내 안에 오셨다는 이 부분을 잘 깨닫지 못합니다.

왜냐하면 골1:26-27절 말씀대로 우리 안에 계신 그리스도가 만세와 만대로부터 감추어진 하나님의 비밀이기 때문에 보지 못하고 깨닫지 못하는 것입니다.

5) 그리스도께서 왜 우리 안에 계셔야 하나요?

우리 속에 들어오셔서 우리를 성령으로 거듭나게 하셔서 새 생명을 주시고 우리의 왕으로, 머리로 우리와 함께 거하시면서 천국을 누리게 하시다가 영원한 천국으로 인도하시기 위해서입니다.

3. 예수님께서 마지막 때에 강림하십니다.

살전4:16-17절에 예수님은 장엄하신 모습으로 강림하십니다. 예수님께서 강림하시는 목적은 이 땅에서 예수님과 한 생명 되어 천국을 누리는 자를 구원하여 영원한 천국으로 인도하기 위함이요, 예수님과 한 생명 되지 않은 자(믿지 않는 자)들을 심판하시기 위해서입니다.

재림이 아닙니다. 세 번째 강림입니다. 찬송가 179장 1절에도 "주 예수의 강림이 가까우니"라고 나옵니다. 성경에 재림이라는 말은 없습니다. 재림이 아니라 강림입니다. 왜냐하면 오순절 날 성령과 함께 영으로 오셨기 때문입니다.

결론적으로 말씀드리겠습니다.

사복음서에 나오는 예수님은 육신을 입고 계시는 주님이시고, 로마서 이후에 나오는 예수 그리스도는 대부분 내 안에 영으로 오신 그리스도라는 것을 알고 읽으시나요? 이것을 모르고 읽으시면 말씀에 대해 이해가 안 될 뿐 아니라 살아 계신 주님, 살아서 역사하시는 주님을 만날 수 없습니다. 그러기에 수십 년을 믿어도 주님을 만나지 못하는 것입니다.

말씀을 듣는 중에 내 안에 살아 계신 주님의 만지심과 생수(사랑)를 부으심과 신령한 은혜를 경험하십시오. 인생이 바뀝니다. 내 안에 계신 예수 그리스도를 머리로 삼고 그분의 말씀에 순종하며 이 땅에서 천국을 누리다가 영원한 천국에 들어가게 되기를, 주님의 이름으로 축원합니다.

06

예수 그리스도가 천국입니다

| 본문 | 막1:14-15

성경의 핵심 주제는 하나님 나라 천국이요, 오직 우리가 먼저 구할 것도 하나님 나라입니다.

하나님의 아들 예수 그리스도가 복음이고, 천국 복음만이 참복음입니다. 다른 복음은 없고 천국 복음만이 복음이라는 확신이 있어야 담대하게 복음을 전할 수 있습니다.

천국은 하나님이 맹세로 약속하신 새 언약의 천국 복음을 믿고 성령으로 거듭나서 하나님의 생명을 가진 하나님의 자녀가 들어가는 곳입니다.

지금 죽어도 천국에 들어갈 확신이 있다면, 그 이유는 무엇인가요?

1. 성경에 나타난 다섯 가지 천국의 개념을 아시나요?

성경에 나타나는 천국은 현재적이며 미래적인 천국입니다. 현재적인 천국은 구원받은 자들이 이 땅에서 실제로 누리는 나라이고, 미래적인 천국은 구원받은 자들이 장차 갈 나라입니다.

현재적인 천국은

① 이 땅에 육신으로 오신 예수님이 천국이고,

② 성령과 함께 영으로 오셔서 천국을 이루어 가시는 그리스도가 천국이며,

③ 성령으로 거듭나 예수님을 모신 하나님의 성전이 된 성도들이 심령에 누리는 천국입니다.

미래적인 천국은

④ 예수님의 강림 이후의 천년왕국이 천국이며,

⑤ 하나님 아버지의 집인 영원한 천국으로 아직 성취되지 않은 앞으로 누릴 천국입니다.

2. 이 땅에 육신으로 오신 예수님이 천국입니다.

1) 예수님은 자신을 천국이라고 선포하셨습니다(마4:17, 막1:14-15).

"회개하라, 천국이 가까이 왔다."는 말을 직역하면 너희 손닿는 곳에 천국이 와 있다는 뜻입니다. 예수님은 자신이 천국으로 손 닿는 곳에 와 계셨습니다.

2) 예수님은 자신의 육체를 가리켜 성전이라고 말씀하셨습니다(요2:19-21).

성전이란 하나님이 임재하시는 거룩한 집을 가리킵니다. 예수님께서 자신의 육체를 성전이라고 하신 것은 살아 계신 하나님 아버지께서

자기 안에 계셨기 때문입니다.

3) 예수님은 살아 계신 하나님 아버지의 성전으로서, 아무것도 스스로 하지 않으시고, 자기 안에서 아버지가 하시는 일을 보고 하나님 아버지께서 가르치시고 명하시는 대로 행하셨습니다(요5:19, 요8:28, 요12:49-50).

예수님은 살아 계신 하나님의 성전, 천국으로 오시어 살아 계신 하나님의 성전, 천국의 삶을 사시면서 살아 계신 하나님의 성전, 천국이 되어 사는 기쁜 소식, 즉 천국 복음을 전하셨습니다(마4:23, 마9:35).

3. 오순절 날, 성령과 함께 영으로 오신 예수 그리스도가 천국입니다.

1) 왕권을 가지신 그리스도께서 하나님의 나라, 천국으로 오셨습니다(마 16:28, 눅9:27).

인자가 왕권을 가지고 하나님 나라로 오신다는 것은 마지막 강림의 때가 아니라, 오순절 날 그리스도께서 왕권을 가지고 성령과 함께 하나님의 나라, 천국으로 오신다는 것입니다(요14:16, 18, 20). 성령 강림 이후에는 성령과 함께 오신 그리스도가 전파되어 사람마다 그 안으로 들어가야 합니다(눅16:16). 그리스도 안으로 들어가는 것이 하나님 나라, 천국으로 들어가는 것입니다.

2) 성령과 함께 오신 그리스도께서 우리 안에 계심을 믿지 않으면 구원

받지 못합니다(고후13:5).

"예수 그리스도께서 너희 안에 계신 줄을 너희가 스스로 알지 못하느냐?"라는 것은 내 자신 스스로가 성령의 가르침으로 내 안에 그리스도가 계시다는 것을 알아야 한다는 말씀입니다(요일2:27, 요일 3:24).

3) 참믿음은 자기 안에 그리스도께서 살아 계신 것을 인식할 뿐만 아니라, 살아 계신 그리스도의 영광을 마음의 눈으로 보고, 주님의 음성을 마음의 귀로 듣는 믿음입니다(요16:13-16, 고후3:18, 요10:27).

결론적으로 말씀드리겠습니다.

예수님은 이 땅에 천국으로 오셔서 아무것도 스스로 하지 않으시고, 자기 안에서 아버지가 하시는 일을 보고, 하나님 아버지께서 가르치시고 명하시는 대로 행하셨습니다.

인자가 왕권을 가지고 하나님 나라로 오신다는 것은 마지막 강림 때가 아니라, 오순절 날 그리스도께서 왕권을 가지고 성령과 함께 하나님의 나라, 천국으로 오신다는 것입니다.

어떤 믿음이 참믿음인가요? 천국이신 예수님이 내 안에 계신다는 것을 믿는 믿음이 참믿음입니다. 갈2:20절에 "내가 그리스도와 함께 십자가에 못 박혔나니 그런즉 이제는 내가 사는 것이 아니요 오직 내 안에 그리스도께서 사시는 것이라 이제 내가 육체 가운데 사는 것은 나를 사랑하사 나를 위하여 자기 자신을 버리신 하나님의 아들을 믿는 믿음 안에서 사는 것이라."고 했습니다.

내 안에 살아 계신 예수님을 믿는 것입니다. 내 안에 계신 예수 그리스도가 천국입니다. 날마다 천국을 누리시기를 주님의 이름으로 축원합니다.

07

천국으로 오신 예수님의 삶

| 본문 | 요14:8-11

예수님께서 천국으로 오셔서 천국 복음을 전파하셨고(마4:23, 9:35), 이 천국 복음이 땅끝까지 전파되어야 그제야 끝이 오리라(마24:14)고 하셨습니다. 오늘은 천국으로 오신 예수님의 삶에 대해서 말씀드리겠습니다.

1. 천국 복음이란 무엇입니까?

1) 새 언약이 천국 복음입니다.

천국 복음은 렘31:31-33, 겔11:19-20, 겔36:26-28절에 나오는 새 언약입니다. 하나님께서 약속하신 새 언약은 "새 영을 너희 속에 두고 새 마음을 너희에게 주어 나는 너희 하나님이 되고 너희는 내 백성이 되리라"는 것입니다. 한마디로 말하면, 하나님이신 예수님이 우리 속에 들어오시겠다는 약속입니다.

2) 하나님은 새 언약을 이루기 위해서 무엇을 하셨나요?

① 하나님은 스스로 맹세한 새 언약을 이루기 위해 이 땅에 예수님을 언약의 중보자로 보내셨습니다(히9:15).

② 이 세상에 오신 예수님은 새 언약을 약속하신 하나님 아버지 뜻에 전적으로 순종하셨습니다(요6:38-40).

③ 하나님은 새 언약을 이루시기 위해 예수님에게 천국 복음을 전하게 하시고 우리의 모든 죄를 사하시기 위해 예수님을 십자가 위에서 죽게 하셨습니다.

④ 하나님은 새 언약을 이루기 위해 예수님을 죽은 자 가운데서 3일 만에 부활시키셨습니다.

⑤ 하나님은 새 언약을 이루시기 위해 예수님을 하늘 보좌 우편에 앉히셨습니다.

⑥ 하나님은 새 언약을 이루기 위해 택한 백성들과 영원히 함께하시려고 예수님께 왕권을 주시어 오순절에 성령과 함께 그리스도로 보내셨습니다.

⑦ 이 예수 그리스도를 나의 왕으로, 나의 주인으로, 나의 머리로, 나의 생명으로, 나의 삶의 전부로 영접하고 믿으면 구원을 받습니다(요1:12, 계3:20).

3) 이 복음이 성령의 감동으로 이해되고 깨달아지고 믿어져서 확실히 고백할 때, 예수 그리스도가 성령 안에서 나를 성전 삼고 내주하십니다.

나와 주님이 하나가 되어 마음의 천국이 이루어집니다. 주님과 함께 천국 되어 살다가 영원한 천국에 들어가는 것이 천국 복음입니다. 엄밀히 말해 새 언약 복음을 모르면 하나님의 뜻도 모르고, 예수님도 모르고, 구원도 모르는 것입니다.

하나님의 뜻은 옛 언약(첫째 것, 율법)을 폐하고 새 언약(둘째 것)을 세우는 것입니다(히10:9). 여러분 마음에 천국이 이루어져야 합니다. 성부·성자·성령께서 여러분 안에 내주하시기에 그분과 하나 되고, 한마음 되어 천국을 누려야 합니다.

2. 천국으로 오신 예수님은 어떻게 사셨나요?

1) 예수님은 이 땅에 천국으로 오셨습니다.

예수님이 천국이십니다. 마4:17절에 "예수께서 비로소 전파하여 가라사대 회개하라 천국이 가까이 왔느니라."고 하셨습니다. 천국은 하나님의 나라입니다.

2) 예수님은 이 땅에서 천국의 삶을 사셨습니다.

① 예수님은 아무것도 스스로 하지 않으시고 자기 안에 계신 하나님 아버지의 말씀을 대언하셨습니다(요5:30, 요8:28-29). 예수님은 천국으로 오셔서 자기 안에서 말씀하시는 아버지 하나님의 말씀을 듣고 대언하셨고, 그러므로 말씀으로 창조된 천지 만물이 예수님이 대언하시는 말씀을 듣고 순종하는 것입니다(마8:26-27).

② 예수님은 성령을 힘입어 사셨습니다(행10:38). 예수님은 성령을 힘입어 모든 일을 하셨습니다.

③ 예수님은 하나님을 머리로 하고 사셨습니다(고전11:3).

④ 예수님은 천국을 가르치고 전파하셨습니다(마4:23, 마9:35).

3) 예수님이 천국의 삶을 사신 것은 믿는 자들에게 본을 보이시기 위함입니다.

① 예수님은 육신을 입고 우리와 똑같은 삶을 사셨습니다(히4:15).

② 예수님은 믿고 따르는 자들에게 천국의 삶을 보여 주셨습니다(벧전2:21).

3. 천국의 삶을 사는 방법은 무엇입니까?

오늘날 예수님을 믿고 따르는 자들이 천국의 삶을 사는 방법은 무엇인가요?

1) 성 삼위 하나님이 심령에 계신 자가 천국입니다(고전3:16).

성도들 안에 성 삼위 하나님이 영으로 계십니다. 혹자는 삼위일체 하나님에 대해 "성부 하나님은 무소부재 하시니 어디나 계시고, 성자 예수님은 부활하여 하나님 보좌 우편에 계시고, 성령님은 우리 안에 계십니다."라고 하는데, 맞습니까? 아닙니다. 삼위일체 하나님은 언제나 하나입니다.

예수님이 이 세상에 오시기 전에는 성부 안에 성자와 성령이 함께 계셨고, 예수님이 이 세상에 계실 때에는 성자 예수님 안에 성부와 성령이 함께 계셨고, 예수님이 승천하시고 오순절 이후에는 성령 안에 성자와 성부가 함께 계십니다. 이 진리는 학문이나 이성으로 깨달을 수 없고 오직 믿음으로만 깨달을 수 있습니다. 이 진리가 깨달아지고 믿어져야 복음도 받아들여지고 성경도 이해할 수 있습니다.

2) 예수님을 믿는 자들이 천국의 삶을 살려면 예수님처럼 살아야 합니다.

① 예수님은 아무것도 스스로 하지 않으시고 자기 안에 계신 아버지의 말씀대로 순종하셨듯이(요12:49-50), 우리도 예수님께서 언약을 이루시기 위해서 내 안에 계신다는 것을 믿고 아무것도 스스로 하지 말고 내 안에 계신 주님의 음성을 듣고 순종해야 합니다.

② 예수님은 성령을 힘입어 사셨습니다. 우리도 성령의 인도를 받으며 살아야 합니다(요16:13, 갈5:16).

③ 예수님은 하나님을 머리로 하고 사셨습니다. 우리도 예수 그리스도를 머리로 하고 살아야 합니다(고전11:3, 엡4:15, 골1:18).

④ 예수님은 천국 복음을 가르치시고 전파하셨습니다. 우리도 천국 복음을 가르치고 전해야 합니다(마28:19-20, 막16:15).

⑤ 예수님은 사람들에게 천국의 삶을 보여 주셨습니다. 우리도 사람들에게 천국 생활을 보여 주어야 합니다.

결론적으로 말씀드리겠습니다.

마5:16절에 "이와 같이 너희 빛이 사람 앞에 비치게 하여 그들로 너희 착한 행실을 보고 하늘에 계신 너희 아버지께 영광을 돌리게 하라."고 하였습니다. 이제 심령의 천국을 이룬 성도들은 예수님처럼 천국의 삶을 살면서 천국의 기쁨을 누리게 됩니다. 날마다 심령 천국 되시기를 주님의 이름으로 축원합니다. 아멘!

08

천국의 비밀

| 본문 | 골1:26-27

예수님께서 이 땅에 오셔서 하신 사역과 하늘나라 지성소에서 하신 사역과 성령과 함께 내 안에 오셔서 하시는 모든 사역은 우리로 하여금 천국(하나님 나라)이 되어 천국의 삶을 사는 기쁜 소식을 전하도록 하시는 것입니다.

즉, 삼위 하나님이 하시는 일은 오직 우리가 천국 되어 살도록 하시는 것입니다. 그럼에도 많은 사람들이 교회는 다니면서도 천국과 천국의 삶에 대해서 잘 모르는 것은 하나님께서 감추어 놓은 비밀이기 때문입니다.

1) 우리를 향하신 하나님의 궁극적인 소원은 우리로 하여금 천국(교회) 되게 하시는 것입니다.

이는 영원 전부터 예정된 하나님의 경륜(뜻)입니다. 우리가 천국이 되어 살기 위해서는 반드시 천국의 비밀을 알아야 합니다. 왜냐하면 내 안에 계신 예수 그리스도가 천국의 비밀이기 때문입니다.(골 1:26-27). 예수님께서 씨 뿌리는 비유를 통해 "천국의 비밀을 모르면 죄 사함이 없고 구원도 없다."고 말씀하셨습니다.

2) 구원은 예수 그리스도 안에 있습니다.

즉, 예수 그리스도와 하나 된 자는 자기 안에 계신 그리스도의 음성을 듣고 가르침을 받으며 천국을 누리며 살다가 영원한 천국에 들어가는 것입니다. 이것이 천국 복음입니다.

천국의 비밀은 무엇일까요?

1. 이 세상에 성육신 하신 예수님입니다.

천국의 첫 번째 비밀은 이 세상에 성육신 하신 예수님입니다.

마4:17절에 "예수께서 전파하여 이르시되 회개하라 천국이 가까이 왔느니라 하시더라." 예수님은 자신이 천국으로 오셨다고 말씀하시는 것입니다. 천국으로 오셔서 천국 복음을 선포하시고 모든 비유를 천국 비유로 말씀하셨습니다.

2. 오순절 날 성령과 함께 영으로 오신 그리스도입니다.

천국의 두 번째 비밀은 오순절 날 성령 안에 성령과 함께 오셔서 우리를 성전 삼고 우리 안에 계시는 그리스도입니다.

골1:26-27절에 "이 비밀은 만세와 만대로부터 감추어졌던 것인데 이제는 그의 성도들에게 나타났고 하나님이 그들로 하여금 이 비밀의 영광이 이방인 가운데 얼마나 풍성한지를 알게 하려 하심이라 이 비밀은 너희 안에 계신 그리스도시니 곧 영광의 소망이니라."고 했습니다.

마28:20절에 "볼지어다. 세상 끝 날까지 너희와 함께하리라."고 말씀하셨습니다.

3. 내 안에 계신 그리스도의 말씀을 들을 수 있는 그리스도의 마음입니다.

천국의 세 번째 비밀은 내 안에 계신 그리스도의 말씀을 들을 수 있는 주님의 마음입니다.

주님의 양은 반드시 주님의 음성을 듣고 살아야 합니다. 예수 그리스도 안에서 그리스도와 한 몸 되어 머리이신 그리스도의 음성을 듣고 따르는 삶이 그리스도인의 삶입니다. 요10:27절에 "내 양은 내 음성을 들으며 나는 그들을 알며 그들은 나를 따르느니라."고 했습니다.

씨 뿌리는 비유(마13장, 막4장, 눅8장)에서 씨는 말씀을 의미합니다. 또한 좋은 땅과 나쁜 땅을 구분하는 기준은 예수 그리스도의 말씀을 듣고 깨닫느냐, 깨닫지 못하느냐입니다. 좋은 땅에서만 천국의 비밀이신 그리스도의 말씀을 온전히 들을 수 있고 깨달을 수 있습니다. 좋은 땅은 착하고 좋은 마음, 곧 그리스도의 마음을 의미합니다.

그리스도의 마음은 하나님의 생명에서 나오는 마음입니다. 그리고 길가나 돌밭이나 가시떨기밭은 육신의 생명에서 나오는 육신의 마음을 의미합니다. 우리가 머리이신 그리스도의 음성을 듣기 위해서는 먼저 하나님의 생명에서 나오는 그리스도의 마음을 가져야 온전히 들을 수가 있습니다. 이와 같이 머리이신 그리스도의 말씀을 들을 수 있는 주님의 마음이 천국의 세 번째 비밀입니다.

4. 성도들 안에는 삼위 하나님이 계셔서 거룩한 질서 가운데 역사하십니다.

성도들 안에는 삼위 하나님이 계셔서 거룩한 질서 가운데 역사하십니다. 이것이 천국의 네 번째 비밀입니다.

주님의 음성을 들을 수 있는 그리스도의 마음을 가지려면 내 안에 삼위 하나님이 계시다는 것과 그 삼위 하나님은 거룩한 질서 가운데 일(역사)하신다는 것을 믿고 깨달아야 합니다.

1) 내 안에 성령이 계심을 믿고 깨달아야 합니다.

고전3:16절에 "너희는 너희가 하나님의 성전인 것과 하나님의 성령이 너희 안에 계신 것을 알지 못하느냐?" 고전6:19-20절에 "너희 몸은 너희가 하나님께로부터 받은바 너희 가운데 계신 성령의 전인 줄을 알지 못하느냐?"라고 했습니다.

2) 성령과 함께 오신 그리스도가 내 안에 계심을 믿고 깨달아야 합니다.

요14:20절에 "그날에는 내가 아버지 안에, 너희가 내 안에, 내가 너희 안에 있는 것을 너희가 알리라."고 했으며, 갈2:20절에 "내가 그리스도와 함께 십자가에 못 박혔나니 그런즉 이제는 내가 사는 것이 아니요, 오직 내 안에 그리스도께서 사시는 것이라."고 했습니다.

3) 내 안에 계신 그리스도 안에 하나님의 생명이 있음을 믿고 깨달아야 합니다.

요일2:25절에 "그가 우리에게 약속하신 것은 이것이니 곧 영원한 생명이니라."고 했고, 요일5:11-12절에는 "또 증거는 이것이니 하나님이 우리에게 영생을 주신 것과 이 생명이 그의 아들 안에 있는 그것이니라. 아들이 있는 자에게는 생명이 있고 하나님의 아들이 없는 자에게는 생명이 없느니라."고 했으며, 빌2:13절에는 "너희 안에 행하시는 이는 하나님이시니 너희에게 소원을 두고 행하게 하시나니"라고 말씀하셨습니다.

결론적으로 말씀드리겠습니다.

1) 우리를 향하신 하나님의 궁극적인 소원은 우리로 하여금 천국(교회)되게 하시는 것입니다.

우리가 천국이 되어 살기 위해서는 반드시 천국의 비밀을 알아야 합니다. 왜냐하면 내 안에 계신 예수 그리스도가 천국의 비밀이기 때문입니다.(골1:26-27). 천국의 비밀을 모르면 죄 사함이 없고 구원도 없습니다.

2) 구원은 예수 그리스도 안에 있습니다.

따라서 예수 그리스도와 하나 되어야 자기 안에 계신 그리스도의 음성을 듣고 가르침을 받으며 살다가 구원받는(천국에 가는) 것입니다. 새 언약, 천국의 비밀을 분별하며 깨달아야 그리스도 안에서 천국을 누리며 살 수 있습니다.

3) 첫 번째 천국의 비밀은 그들이 보고 있는 예수 그리스도입니다.

두 번째 천국의 비밀은 오순절 날 성령 안에 성령과 함께 오셔서 우리를 성전 삼고 우리 안에 계시는 그리스도입니다. 그러므로 내 안에 천국의 비밀이신 그리스도가 없다면 구원받은 자가 아닙니다. 또한, 내 안에 계신 부활의 주님은 형식적으로 존재하시는 분이 아니고 말씀하시는 분이십니다.

이제 우리는 십자가의 주님이 아니라, 사도 바울처럼 천국의 비밀이신 우리 안에 계신 그리스도를 전파해야 합니다. 천국의 비밀인 우리 안에 계신 그리스도는 세상 끝 날까지 항상 함께하시는 분이십니다. 그래서 임마누엘입니다.

날마다 천국의 비밀을 깨닫고 천국의 비밀을 전하는 복음의 일꾼 되시기를 주님의 이름으로 축원합니다.

09

내 안에 삼위 하나님이 계십니다

| 본문 | 요14:16-20

예수님은 이 땅에 오셔서 하나님의 나라 천국 복음을 전파하셨습니다. 예수님은 천국 복음을 가르치거나 전하실 때 주로 비유를 사용하셨는데, 그 이유는 천국 복음 안에 하나님의 비밀이 감추어져 있기 때문입니다. 천국 복음은 세상은 알 수 없는 하나님의 비밀입니다.

오늘은 천국 복음의 비밀 가운데 '내 안에 계신 삼위 하나님'에 대해서 말씀드리겠습니다.

1. 성도들 안에는 삼위 하나님이 계십니다.

우리는 삼위일체 하나님을 믿습니다. 성부와 성자와 성령은 삼위로서 각각의 이름이 있고, 우리 안에는 삼위 하나님이 계십니다.

요14:16-20절에 "내가 아버지께 구하겠으니 그가 또 다른 보혜사를 너희에게 주사 영원토록 너희와 함께 있게 하리니 그는 진리의 영이라. 세상은 능히 그를 받지 못하나니 이는 그를 보지도 못하고 알지도 못함이라. 그러나 너희는 그를 아나니 그는 너희와 함께 거하심이요 또 너희 속에 계시겠음이라. 내가 너희를 고아와 같이 버려두지 아니하고 너희에게로 오리라. 조금 있으면 세상은 다시 나를 보지 못할 것이로되 너희는 나를 보리니 이는 내가 살아 있고 너희도 살아 있겠음이라. 그날에는 내가 아버지 안에, 너희가 내 안에, 내가 너희 안에 있는 것을 너희가 알리라."고 했습니다.

본문에서 '아버지'는 성부 하나님, '내가, 나를'은 성자 예수님, '보혜사, 그를'은 성령님을 가리킵니다.

2. 우리 안에 계신 하나님 아버지는

1) 믿음과 소망의 대상이십니다.

벧전1:21절에 "너희는 그를 죽은 자 가운데서 살리시고 영광을 주신 하나님을 그리스도로 말미암아 믿는 자니 너희 믿음과 소망이 하나님께 있게 하셨느니라."고 했습니다.

2) 믿음으로 살다가 죽은 자를 살리십니다.

롬4:17, 23, 24절에 "기록된바 내가 너를 많은 민족의 조상으로 세웠다 하심과 같으니 그가 믿은바 하나님은 죽은 자를 살리시며 없는 것을 있는 것으로 부르시는 이시니라. 그에게 의로 여겨졌다 기록된 것은 아브라함만 위한 것이 아니요 의로 여기심을 받은 우리도 위함이니 곧 예수 우리 주를 죽은 자 가운데서 살리신 이를 믿는 자니라."고 했습니다.

3) 말씀하신 모든 것들, 특히 맹세로 약속하신 새 언약을 이루어 가십니다.

히6:17절에 "하나님은 약속(새 언약)을 기업으로 받는 자들에게 그 뜻이 변하지 아니함을 충분히 나타내시려고 그 일을 맹세로 보증하셨나니…."라고 하셨습니다.

렘31:35-36절에 "여호와께서 이와 같이 말씀하셨느니라. 그는 해를 낮의 빛으로 주셨고 달과 별들을 밤의 빛으로 정하였고 바다를 뒤흔들어 그 파도로 소리치게 하나니 그의 이름은 만군의 여호와니라. 이 법도가 내 앞에서 폐할진대 이스라엘 자손도 내 앞에서 끊어져 영원한 나라가 되지 못하리라. 여호와의 말씀이니라."고 하셨습니다.

그리고 빌1:6절에 "너희 안에서 착한 일을 시작하신 이가 그리스도 예수의 날까지 이루실 줄을 우리는 확신하노라."라고 말씀하셨습니다.

3. 우리 안에 계신 예수 그리스도

1) 새 언약의 중보자이십니다.

히8:6절에 "이제 그는 더 아름다운 직분을 얻으셨으니 그는 더 좋은 약속으로 세우신 더 좋은 언약(새 언약)의 중보자시라."고 했습니다.

2) 아버지께로부터 받은 말씀을 대언하십니다.

요16:15절에 "무릇 아버지께 있는 것은 다 내 것이라. 그러므로 내가 말하기를 그(성령)가 내 것을 가지고 너희에게 알리시리라."고 했습니다.

3) 하늘과 땅의 권세를 가지고 임마누엘 하시는 교회(성도)의 머리이십
니다.

마28:18, 20절에 "예수께서 이르시되 하늘과 땅의 모든 권세를 내
게 주셨으니 볼지어다 내가 세상 끝 날까지 너희와 항상 함께 있으리
라 하시니라." 했고, 엡4:15 "오직 사랑 안에서 참된 것을 하여 범사
에 그에게까지 자랄지라. 그는 머리니 곧 그리스도라." 했습니다.

4) 우리의 영광의 소망이십니다.

골1:26-27절에 "이 비밀은 만세와 만대로부터 감추어졌던 것인데
이제는 그의 성도들에게 나타났고 하나님이 그들로 하여금 이 비밀의
영광이 이방인 가운데 얼마나 풍성한지를 알게 하려 하심이라. 이 비
밀은 너희 안에 계신 그리스도시니 곧 영광의 소망이니라."

4. 우리 안에 계신 성령

1) 스스로는 아무것도 말(행)하지 않고, 예수님의 대언을 듣고 말(행)하십
니다.

요16:13-15절에 "진리의 성령이 오시면 그가 너희를 모든 진리 가
운데로 인도하시리니 그가 스스로 말하지 않고 오직 들은 것을 말하며
장래 일을 너희에게 알리시리라. 그가 내 영광을 나타내리니 내 것을

가지고 너희에게 알리겠음이라. 무릇 아버지께 있는 것은 다 내 것이라. 그러므로 내가 말하기를 그가 내 것을 가지고 너희에게 알리시리라."

2) 우리를 거듭나게 하십니다.

요3:3, 5절에 "사람이 거듭나지 아니하면 하나님의 나라를 볼 수 없느니라. 사람이 물과 성령으로 나지 아니하면 하나님의 나라에 들어갈 수 없느니라."

3) 예수님이 말씀하신 모든 것을 생각나게 하십니다.

요14:26절에 "보혜사 곧 아버지께서 내 이름으로 보내실 성령 그가 너희에게 모든 것을 가르치고 내가 너희에게 말한 모든 것을 생각나게 하리라."

4) 예수님을 증언하시고, 예수를 주라 고백하게 하십니다.

요15:26절에 "내가 아버지께로부터 너희에게 보낼 보혜사 곧 아버지께로부터 나오시는 진리의 성령이 오실 때에 그가 나를 증언하실 것이요."라 했고, 고전12:3절에 "성령으로 아니하고는 누구든지 예수를 주시라 할 수 없느니라."고 하셨습니다.

5) 그리스도 안에서 모든 것을 가르쳐 주십니다.

요일2:27절에 "너희는 주께 받은바 기름 부음이 너희 안에 거하나니 아무도 너희를 가르칠 필요가 없고 오직 그의 기름 부음이 모든 것을 너희에게 가르치며 또 참되고 거짓이 없으니 너희를 가르치신 그대로 주 안에 거하라."고 말씀하셨습니다.

6) 그리스도의 영광을 보게 하십니다.

고후3:18 "우리가 다 수건을 벗은 얼굴로 거울을 보는 것같이 주의 영광을 보매 그와 같은 형상으로 변화하여 영광에서 영광에 이르니 곧 주의 영으로 말미암음이니라."고 했습니다.

7) 그리스도의 마음을 주십니다.

고전2:14, 16절에 "육에 속한 사람은 하나님의 성령의 일들을 받지 아니하나니 이는 그것들이 그에게는 어리석게 보임이요, 또 그는 그것들을 알 수도 없나니 그러한 일은 영적으로 분별되기 때문이라. 누가 주의 마음을 알아서 주를 가르치겠느냐 그러나 우리가 그리스도의 마음을 가졌느니라."고 했습니다.

결론적으로 말씀드리겠습니다.

구약에 새 언약은 하나님의 비밀입니다. 천국 복음은 세상은 알 수 없는 하나님의 비밀입니다. 새 언약과 천국 복음은 내 안에 계신 그리스도인데, 내 안에 계신 그리스도가 하나님의 비밀입니다(골1:26-27). 또 하나의 비밀이 있는데 내 안에 계신 삼위 하나님은 세상이 알 수 없는 비밀입니다. 삼위 하나님이 내 안에 계십니다. 아멘.

10

천국의 삶

| 본문 | 마22:37-40

예수님께서는 천국으로 오셔서 천국의 삶을 사셨습니다. 예수님께서 천국의 삶을 사신 것은 주님을 믿고 따르는 자들에게 보여 주시기 위함입니다(벧전2:21, 롬8:29). 오늘은 예수님을 믿고 따르는 자들이 천국의 삶을 사는 방법에 대해서 말씀드리겠습니다.

1. 삼위 하나님이 심령에 계신 자가 천국입니다(심령 천국).

구원받은 성도들 안에 삼위 하나님이 영으로 계십니다(요14:23). 우리 몸이 하나님의 성전으로 성령께서 우리 안에 거하고 계십니다(고전3:16). 예수 그리스도께서 우리 안에 계십니다(고후13:5). 하나님이 우리 안에 계십니다(빌2:13).

혹자는 삼위일체 하나님에 대해서 이렇게 말합니다. "성부 하나님은 무소부재하시니 어디나 계시고, 성자 예수님은 부활하여 하나님 보좌 우편(천국)에 계시고, 성령 하나님은 내 안에 계십니다." 맞나요? 아닙니다. 삼위일체 하나님은 나뉠 수 없습니다. 언제나 하나입니다.

예수님이 이 세상에 오시기 전에는 성부 안에 성자와 성령이 함께 계셨고, 예수님이 이 세상에 계실 때에는 성자 안에 성부와 성령이 함께 계셨고, 예수님이 승천하시고 오순절 이후에는 성령 안에 성자와 성부가 함께 계십니다. 이 진리는 학문이나 이성으로 깨달을 수 없고, 믿음으로만 깨달을 수 있습니다. 이 진리가 깨달아져야 복음도 받아들여지고 성경도 이해할 수 있게 됩니다.

2. 예수님을 믿는 자들이 천국의 삶을 살려면 예수님처럼 살아야 합니다.

1) 예수님은 아무것도 스스로 하지 않으시고 자기 안에 계신 아버지의 말씀대로 순종하셨습니다.

우리도 예수님께서 새 언약을 이루시기 위해서 내 안에 계시다는 것을 믿고, 아무것도 스스로 하지 말고 내 안에 계신 주님의 음성을 듣고 순종해야 합니다.

새 언약이 무엇인가요? 하나님은 예레미야를 통해 새 언약을 약속하셨습니다(렘31:31-33). 하나님 자신께서 우리 안에 들어오시겠다는 것입니다.

① 하나님은 스스로 맹세한 새 언약을 이루시기 위해 이 땅에 예수님을 새 언약의 중보자로 보내셨습니다(히9:15).

② 이 세상에 오신 예수님은 새 언약을 맹세하신 하나님 아버지 뜻에 전적으로 순종하셨습니다(요 6:38-40).

③ 하나님은 새 언약을 이루시기 위해 예수님에게 천국 복음을 전하게 하시고 우리의 모든 죄를 사하시기 위해 예수님을 십자가 위에서 죽게 하셨습니다.

④ 하나님은 새 언약을 이루시기 위해 예수님을 죽은 자 가운데서 3일 만에 부활시키셨습니다.

⑤ 하나님은 새 언약을 이루시기 위해 예수님을 하늘 보좌 우편(권세의 자리)에 앉히셨습니다.

⑥ 하나님은 새 언약을 이루시기 위해 택한 백성들과 영원히 함께하시려고 예수님에게 왕권을 주시어 오순절에 성령 안에 (성령과 함께) 그리스도로 보내셨습니다(마16:28). 새 언약(복음)을 믿는 것이 예수님을 믿는 것이고, 이 새 언약(복음)을 믿어야 구원을 얻습니다.

이 복음이 성령의 감동으로 이해되고 깨달아지고 믿어져서 확실히 고백할 때, 예수 그리스도가 성령 안에서 나를 성전 삼고 내주하십니다. 나와 주님이 하나가 되는 것입니다(롬10:10, 고전6:17). 엄밀히 말해 새 언약(복음, 둘째 것)을 모르면 하나님의 뜻도, 예수님도, 구원도 모르는 것입니다. 하나님의 뜻은 첫째 것(옛 언약)을 폐하시고 둘째 것(새 언약)을 세우신 것입니다(마7:21, 히10:9-10, 요16;13, 갈2:20, 요10:27, 롬1:17).

2) 예수님은 성령을 힘입어 사셨습니다.

우리도 성령의 인도를 받으며 살아야 합니다(갈5:16, 요16:13-14).

3) 예수님은 하나님을 머리로 하고 사셨습니다.

우리도 예수님을 머리로 하고 살아야 합니다(고전11:3, 엡4:15, 골 1:18, 28-29).

4) 예수님은 천국 복음을 가르치고 전하셨습니다.

예수님의 사도들도 이 복음을 가르치고 전했습니다. 다른 복음은 없습니다(갈1:7-9). 우리도 천국 복음을 가르치고 전해야 합니다(마 28:19-20, 막16:15). 이 천국 복음만이 참복음입니다.

결론적으로 말씀드리겠습니다.

예수님은 사람들에게 천국의 삶을 보여 주셨습니다. 우리도 사람들에게 천국의 삶을 보여 주어야 합니다(마5:16, 고전11:1). 날마다 주님과 한 생명 되고 주님과 한 몸 되어 심령 천국 누리며 천국의 삶을 사는 여러분 되시기를 주님의 이름으로 축원합니다.

4장   영생의 복음

영생의 복음

| 본문 | 요일5:11-13

모든 종교는 의롭고 거룩하고 선하게 사는 삶을 추구하며, 자기들만의 종교 의식이나 생활의 모습을 가지고 있습니다. 우리 기독교도 예배, 기도, 찬양, 성경 공부, 전도 모임 등이나 우리만의 신앙생활의 모습을 갖고 있습니다.

그러나 이러한 종교적인 행위가 그리스도인의 참된 신앙생활의 본질은 아닙니다. 내가 입고 있는 옷이 내가 아니듯이 어떤 종교적인 의식이나 규례, 관습 등 율법적인 종교 행위는 참된 신앙생활의 모습이 아닙니다. 참된 신앙생활은 영생의 삶을 사는 것, 다시 말하면 하나님의 생명으로 사는 삶입니다.

오늘은 '영생의 복음'에 대해서 말씀드리겠습니다.

1. 하나님의 영원하신 계획과 약속은 무엇인가요?

1) 하나님이 영원 전부터 약속하신 것은 무엇인가요?
영원한 생명입니다. 즉, 영생입니다(딛1:2).

2) 예수 그리스도께서 이 세상에 오신 목적은 무엇인가요?

저를 믿는 자마다 영생을 얻게 하기 위함입니다(요3:16).

3) 성경을 기록한 목적은 무엇입니까?

예수 그리스도를 믿고 영생을 얻게 하기 위함입니다(요20:31).

4) 하나님께서 세상에서 우리를 부르신 목적은 무엇입니까?

영생을 취하게 하기 위함입니다(딤후6:12). 하나님의 모든 관심은 우리에게 영생을 주시는 것입니다. 하나님의 생명으로 사는 것입니다. 주님의 생명이 내 안에 없으면 영적으로 죽은 자입니다. 모든 것이 무익합니다. 주님과 하나 되지 않으면 기도 응답이 없고, 열심히 봉사해도 헛것입니다. 허전하고 기쁨도 없고 오히려 율법의 멍에가 되어 무거운 짐이 될 뿐입니다.

2. 영생이란 무엇인가요?

1) 영생은 하나님의 생명을 의미합니다(요5:26).

영생은 영원한 생명, 곧 하나님의 생명입니다. 예수님에게 하나님의 생명을 주셔서 예수님은 하나님의 생명으로 사셨습니다. 예수님이 하나님의 생명으로 사신 것처럼 하나님의 생명으로 거듭난 우리도 주님의 생명으로 살아야 합니다.

2) 영생은 영원히 사는 것입니다.

하나님과 천사와 사람은 영원한 존재입니다. 죽지 않고 영원히 사는 것을 영생이라고 합니다. 하나님의 생명으로 거듭난 사람은 하나님이 계신 곳에서 하나님과 영원히 살고(마25:34 오른편 양), 하나님의 생명이 없는 사람은 마귀와 함께 지옥에서 영원히 삽니다(마25:41 왼편 염소). 성도들은 장차 하나님의 나라(천국)에서 하나님과 함께 영원히 살게 됩니다.

3) 영생은 임마누엘 주님과 함께 사는 것입니다(살전5:10).

영생의 삶이란 깨든지 자든지 주님과 함께 사는 삶, 곧 임마누엘의 삶을 말합니다. 예수님의 이름이 임마누엘입니다. 우리와 영원히 함께하시기 위해서 오셨습니다. 새 언약의 중보자로 성육신 하셔서 우리를 죄에서 구속하시기 위해 십자가에 죽으시고 부활·승천하사 하늘의 참성소에서 우리의 죄를 완전히 속죄하신 후 성령과 함께 오셔서 우리를 성전 삼아 우리와 함께 영원히 계시면서 생명을 공급해 주십니다. 그러므로 우리는 늘 임마누엘 주님의 생명으로 살아야 합니다.

3. 영생을 얻었다는 것은 무엇인가요?

1) 영생을 얻었다는 것은 영원한 생명이신 하나님의 아들이 내 안에 함께 거하신다는 것입니다(요일5:11-12). 내 안에 계신 그리스도가 하나님의 비밀입니다(골1:26-27).

2) 영생을 얻었다는 것은 주님이 내 안에 사시는 것입니다(갈2:20).

3) 영생을 얻었다는 것은 성령으로 말미암아 하나님의 생명으로 다시 태어났다는 것입니다(요3:5-6).

결론적으로 말씀드리겠습니다.

부활의 복음에 핵심은 영생입니다(요6:40). 하나님의 생명을 가진 자들은 사망에서 생명으로 옮겨집니다. 생명이시며 천국이신 예수 그리스도가 내 안에 들어오셔야 영생을 얻고 천국이 되는 것입니다. 이 땅에서 주님과 한 생명 되어 천국을 누린 자만이 마지막 날에 영원한 천국에 들어가 영생의 복을 누리게 되는 것입니다. 이것이 천국 복음입니다.

천국 복음이 깨달아지지 않는 것은 어리석어서가 아니라 내 안에 생명이 없기 때문입니다. 왜냐하면 천국 복음은 하나님의 생명으로만 깨달아지기 때문입니다. 하나님의 생명이 없으면 부활의 영광에 참여할 수 없습니다.

여러분 속에 하나님의 생명이 있습니까? 있으면 아멘으로 고백해 보세요. 날마다 주님의 생명으로 영생의 삶을 사시기를, 주님의 이름으로 축원합니다.

02

예수님의 마음

| 본문 | 빌2:5-11

이 세상에서 가장 더러운 것이 무엇입니까? 타락한 인간의 마음을 성경은 다음과 같이 표현합니다. 렘17:9-10절에 "만물보다 거짓되고 심히 부패한 것은 마음이라 누가 능히 이를 알리요마는 나 여호와는 심장을 살핀다."고 하셨습니다.

사람의 마음은 만물보다 더 부패하고 더 거짓됩니다. 아무리 존경하는 사람의 마음도 마찬가지입니다. 마음은 쓰레기보다 더 부패하고 더러우면서 손만 깨끗이 씻는 사람은 회칠한 무덤과 같을 뿐입니다. 예수님은 그 인간의 마음의 더러움을 막7:20-23절에서 잘 표현해 주고 있습니다.

이러한 인간에게 하나님은 맹세로 새 언약을 약속하시면서 겔36:25-28절에서 새 마음을 주고 부드러운 마음을 주겠다고 하셨습니다. 에스겔 선지자의 약속을 따라서 빌2:5절에 "너희 안에 이 마음을 품으로 곧 그리스도 예수의 마음이니…."라고 하셨습니다. 예수님의 마음을 가지면 새 언약의 약속대로 새 마음을 가지게 된다는 것입니다.

예수는 우리 안에 계십니다(요14:20). 인격적으로 계십니다. 말씀하시고, 대화하고, 가르치고, 생각나게 하십니다. 그러므로 예

새 언약의 천국 복음

수의 마음을 가지고 그 마음으로 사는 것이 예수님을 따르는 제
자의 삶입니다.

그러면 예수의 마음은 어떤 마음입니까?(빌2:6-8).

1. 겸손한 마음입니다.

1) '자기를 낮추시고' 이것이 겸손입니다.

그러므로 주님께서는 마11:29절에서 "나는 마음이 온유하고 겸손하
니…."라고 말씀하셨습니다. 예수님의 생애는 겸손의 생애였습니다.

① 예수님은 나실 때 목수의 아들로 말구유에 나셨습니다(마13:55).

② 예수님은 머리 둘 곳이 없는 가난한 일생이셨습니다(눅9:58).

③ 예수님은 천대받는 나사렛 출신이었습니다(요1:46).

④ 예수님은 세리와 죄인의 친구였습니다(눅7:34).

⑤ 예수님은 나의 원대로 하지 않고 나를 보내신 이의 원대로 하신
다고 했습니다(요5:30). 예수님은 겸손하게 나셨고 겸손하게 죽으셨습
니다.

2) 겸손한 자

성경은 "교만한 자는 물리치시고 겸손한 자에게 은혜를 주신다."고
했습니다(약4:6).

① 겸손한 자가 은혜를 받습니다.

② 겸손한 자는 어디에서나 높여지며 존경을 받습니다(약4:10, 벧전

5:6).

③ 겸손한 자의 기도를 들어주십니다(시10:17). 하나님은 교만한 자의 기도는 듣지 않으시지만, 겸손한 자의 기도는 들으십니다.

④ 겸손할 때 하나님이 더욱 크게 축복하십니다. 어거스틴은 기독교의 덕목을 첫째도 겸손, 둘째도 겸손, 셋째도 겸손이라고 했습니다.

3) 겸손하게 되는 비결은 무엇입니까?

① 겸손은 하나님 앞에서 사는 것입니다.

② 겸손은 자기를 낮추는 행위입니다.

③ 겸손은 자기의 죄와 부족함을 깨닫는 것입니다.

④ 겸손은 자기를 비우는 것이요 자기를 포기하는 것입니다. 주님이 내 안에 들어오시면 나는 죽고 내 안에 그리스도께서 사시게 되는 것입니다(갈2:20).

2. 예수의 마음은 섬기는 마음입니다.

'종의 형체를 가져' 이것은 섬김입니다. 겸손은 섬기는 종의 생활입니다. 예수님은 종의 형체를 가지고 오셨습니다(마20:28). 교만은 섬김을 받으려 하고 겸손은 섬기려 합니다.

3. 예수님의 마음은 복종하는 마음입니다(빌2:8).

예수님은 철저히 자신을 낮추셨습니다. 예수님은 명예와 영광과 자신의 권리를 찾기 위해 나서지 않았습니다. 그분은 자기를 부인하고, 자기희생을 통하여 자신을 낮추셨습니다. 이러한 철저한 겸손이 복종의 삶을 살게 하는 요인이 됩니다.

순종은 즐거움으로 하는 것이지만, 복종은 이해가 되지 않아도 순종하는 것을 말합니다. 예수님의 복종에는 완전한 복종입니다. 왜냐하면 죽기까지 복종하셨기 때문입니다. 이것은 곧 완전한 복종입니다. 신앙에는 순종밖에 다른 것이 있을 수 없습니다. 왜냐하면 순종이 제사보다 낫기 때문입니다(삼상15:22, 사1:19-20).

4. 예수의 마음은 곧 희생의 마음입니다.

"곧 십자가에 죽으심이라"는 것은 희생의 마음입니다. 주님의 철저한 희생입니다. 이 희생은 대속의 죽음으로서 죄인을 위하여 지는 십자가였습니다(요12:24, 요일3:16).

결론적으로 말씀드리겠습니다.

새 언약은 우리에게 새 영을 부어 주고 새 마음을 주시겠다고 약속하셨습니다. 그 약속을 이루시기 위해 새 언약의 중보자로 예수 그리스도께서 오셨습니다. 십자가에 죽으시고, 장사 지내고 삼 일 만에 부활하시고 승천하셔서 우리의 모든 죄를 탕감해 주시고 하늘과 땅의 모든 권세를 가지시고 성령과 함께 오순절 날 다시 오셔서 내 마음의 문을 두드리고 계십니다(계3:20).

예수님을 나의 왕, 나의 주인, 나의 머리, 나의 생명으로 모셔 드리면 예수님은 나를 성전 삼고 내 안에 들어오셔서 나를 다스려 주십니다. 우리는 예수님의 마음에서 주님의 음성을 들을 수 있습니다. 예수님의 마음은 겸손의 마음, 섬김의 마음, 복종하는 마음, 그리고 희생의 마음입니다.

사도 바울은 내가 그리스도의 심장을 가졌다고 했습니다. 주님이 내 안에 들어오시면 만물보다 거짓되고 부패한 심장을 제거하고 새 영, 새 마음 그리스도의 심장으로 바꾸어 주십니다. 우리도 나는 날마다 죽고 내 안에 예수 그리스도의 심장이 뛰게 되기를 축원합니다.

구원론

| 본문 | 히9:28

교인들의 구원관에 대해 몇 가지 예를 들면, ① 목사와 목회자는 당연히 구원받았다고 생각합니다. ② 중직을 맡은 자들(장로, 집사, 권사)은 당연히 구원받는다고 생각합니다. ③ 세례받고 교회 출석 잘하고, 기도·전도·헌금 생활 잘하면 구원받는다고 생각합니다. ④ 제자 훈련받고 모범적으로 봉사하고 헌신하는 교우들은 구원은 물론 상급도 받는다고 생각합니다. ⑤ 예수님의 십자가와 부활과 재림을 믿으면 구원받는다고 생각합니다. 과연 그렇습니까?

오늘은 매우 중요한 구원론에 대하여 말씀드리겠습니다.

1. 예수 그리스도는 이 땅에 세 번 오십니다.

1) 첫째는 예수님은 육신을 입고 살아 계신 하나님의 성전으로 오셨습니다.

육신을 입으신 예수님을 초림, 성육신이라고 합니다. 오신 목적은 ① 세상을 구원하시기 위해 오셨습니다(요3:17, 요12:47).

② 믿는 자에게 영생을 주시기 위해서 오셨습니다(요3:16).

③ 자기 백성을 죄에서 구원하시려고 오셨습니다(마1:21).

④ 하나님 아버지의 뜻인 둘째 언약(복음)을 세우려고 오셨습니다(히 10:9).

⑤ 우리와 영원히 함께하시려고 오셨습니다(마 1:23).

2) 둘째는 예수님은 오순절 날 성령과 함께 영으로 오셨습니다.

영으로 예수님이 두 번째 다시 오신 것입니다. 오신 목적은

① 우리 속에 임마누엘로 들어오셔서 우리를 성령으로 거듭나게 하시기 위해 오셨습니다.

② 새 생명을 주시고, 우리를 성전 삼아 왕으로, 머리로 함께 거하시기 위해 오셨습니다.

③ 천국을 누리게 하시다가 영원한 천국으로 인도하시기 위해서 오셨습니다(마16:28, 히9:28).

3) 셋째는 예수님은 마지막 때에 영광에 몸을 입고 심판주로 강림하십니다.

부활체의 몸으로 예수님은 강림하십니다. 오시는 목적은 ① 천국 복음으로 주님과 하나 되어 믿음으로 삶은 성도들을 첫째 부활시켜서 천년왕국의 복을 누리게 하시고, ② 불신자들을 영원히 심판하시기 위함입니다(살후1:7-10, 계20:4-5, 고전15:22-24).

성경에는 재림이라는 말이 없는데, 신학과 교리에서 예수님의 마지막 '강림'을 '재림'이라고 가르침으로 인해 성령과 함께 내 안에 다시(두

번째) 오신 그리스도를 보지 못하게 합니다. 성경은 주님이 마지막 때에 오시는 것을 '재림'이라 하지 않고 '강림'이라고 말씀합니다. 성경에 주님이 마지막 때에 강림하신다는 말씀이 15번 나옵니다(고전15:23. 살전1:10. 2:19. 3:13. 4:15. 4:16. 5:23. 살후1:10. 2:1. 2:8. 약5:7. 5:8. 벧전1:16. 벧후3:4. 요일2:28).

그런데 왜 많은 사람들이 주님이 재림하신다고 알고 믿고 있나요? 잘못된 신학 교리로 인해 눈이 가리어져서 천국 복음을 보지 못하기 때문입니다. 즉, 그리스도께서 나를 구원하시기 위해 왕권을 가지고 내 안에 오셨다는 것을 믿지 않고 모르기 때문입니다. 내 안에 계신 그리스도는 감추어 놓으신 하나님의 비밀입니다. 영으로 두 번째 오순절 날 오셨기 때문에 재림이라고 하지 않고 강림이라고 하시는 것입니다.

2. 구원에 대한 올바른 이해

1) 예수 그리스도가 복음이요, 생명(영생)이요, 구원이요, 천국입니다.
그러므로 예수 그리스도를 영접하여 내 안에 하나님의 생명이 있는 자가 하나님의 자녀요, 영생을 가진 자요, 구원받은 자, 천국을 누리는 자입니다(롬1:2-4, 요1:12, 요일5:10-12).

2) 어느 시대든지, 누구든지 예수 그리스도가 아니면 구원을 받을 수 없습니다(행4:12).
① 구약 시대는 그리스도를 보내 주시기로 한 하나님의 약속을 믿음

으로 구원을 받았습니다(창22:17-18, 갈3:16).

② 예수님 당시에는 구원자로 오신 하나님의 아들 예수님을 믿음으로 구원을 받습니다(눅 8:48).

③ 지금은 오순절 날 왕권을 가지고 성령과 함께 내 안에 오신 그리스도를 믿음으로 구원을 받습니다(마16:28, 갈2:20).

혹시 지금도 이스라엘에 오셔서 십자가 지시고 부활하신 예수님만 믿고 있지는 않나요?

3. 구원의 세 가지 시제

1) 구원을 받았으니

과거 '구원을 받았으니'는 과거 완료형으로, 생명 구원(중생)을 의미합니다. 하나님의 생명으로 거듭나 하나님의 자녀가 된 것으로서 지옥에 가지 않는 구원입니다. 이 구원은 우리의 행위와는 관계없이 오직 하나님의 은혜로 인하여 믿음으로 받는 구원입니다(엡2:8-9).

2) 너희 구원을 이루라

현재 '너희 구원을 이루라'는 현재 명령(진행)형으로, 삶의 구원(성화 구원)을 의미합니다(빌2:12). '두렵고 떨림으로 너희 구원을 이루라'는 말은 지금 계속해서 구원을 이루어 갈 것을 의미합니다. 즉, 지금 내 안에 계시는 예수 그리스도를 머리로 하여 구원을 이루어 가라는 것입니다.

3) 구원하시리니

미래 '구원하시리니'는 미래형으로, 영원한 천국에 들어가는 것을 의미합니다(딤후4:18). 예수님은 죽음에서 부활하여 승천하셔서 우리의 모든 죄를 탕감받으시고, 육(부활체)은 마지막 강림하시기 위해 하늘에 계시고, 영은 그리스도로 내 안에 오셨습니다. 나 스스로는 천국에 갈 수 없기에 나를 구원하시기 위해 내 안에 오신 것입니다.

결론적으로 말씀드리겠습니다.

천국이신 그리스도께서 내 안에 오셔서 천국을 누리며 살게 하시다가 천국으로 인도하시는 것이 천국 복음입니다. 이 복음을 믿어야 구원받아 천국에 갈 수 있습니다.

이 복음을 믿으십니까? 아멘!

교회론

| 본문 | 마16:16-19

교회는 건물이 아니라 그리스도를 머리로 하여 사는 하나님의 자녀들이 교회입니다. 즉, 교회란 하나님의 생명으로 거듭난 하나님의 자녀들이 하나님의 생명 안에서 그리스도를 머리로 하고, 그의 몸 된 지체가 되어 날마다 생명을 공급받고, 서로에게 그리스도의 생명을 공급하며 사는 생명의 공동체를 가리킵니다 (엡1:22-23).

1. 그리스도 안에서 이 땅에서 이루실 하나님의 영원하신 경륜(계획)은 무엇인가요?

하나님의 경륜은 이 땅에서 하나님의 생명을 가진 하나님의 자녀를 낳아 그리스도를 머리로 하여 그리스도의 말씀을 듣고, 그리스도의 마음으로 그리스도를 나타내며 사는 주님의 몸 된 교회를 세우시는 것입니다.

주님의 십자가 고난과 죽음과 부활의 사역은 주님의 몸 된 교회를 세우시기 위해 행하신 사역입니다. 이를 위하여 하나님이 자기 피로 교회를 사셨습니다(마16:18-19, 행20:28). 우리를 주님의 몸 된 교회의 지체가 되어 살게 하려고 값으로 사셨으니, 우리 몸은 우리 것이 아니라 주님의 것입니다(고전6:19-20).

2. 구약 시대에 성전을 짓는 목적은 무엇인가요?

구약 시대에 성전을 짓는 목적은 하나님의 이름을 두시기 위함입니다. 성전에 하나님의 이름을 둔다는 것은 하나님께서 친히 성전에 거하신다는 말입니다(왕상8:16,20). 합2:20절에 "오직 여호와는 그 성전에 계시니 온 천하는 그 앞에서 잠잠할지니라."고 하셨습니다.

3. 신약 시대의 성전의 의미는 무엇인가요?

1) 예수님께서 자기 몸(육체)을 성전이라고 하셨습니다(요2:19-21).
"46년 동안 지은 성전을 헐라. 내가 3일 동안에 일으키시겠다."라는 것은 십자가 대속의 죽음과 부활을 말하는 것입니다. '성전 된 자기 육체'라는 것은 성전 건물이 성전이 아니라 예수님의 몸이 성전이라는 말입니다. 왜 예수님의 몸이 성전입니까? 하나님이 예수님 안에 영으로 계시기 때문입니다.

2) 구원받은 성도가 하나님의 성전입니다.

왜 구원받은 성도가 하나님의 성전입니까? 하나님과 성전이신 예수님과 하나님의 영 성령님께서 성도 안에 거하시기 때문입니다. 우리의 몸을 성전 삼고 삼위 하나님이 거하시기 때문에 성전입니다(고전3:16). 교회는 그리스도의 몸이며, 그 몸은 오직 하나입니다. 전 세계에 있는 모든 교회는 하나입니다(엡1:23, 엡4:4). 주님의 몸 된 교회의 머리는 주님이시고, 성도는 그 몸의 지체입니다. 주님의 몸 된 교회는 하나님의 생명체입니다. 그러므로 주님과 성도는 한 생명 안에서 하나 되어 사는 관계입니다(골1:18, 엡4:15).

4. 교회는 주님의 몸입니다.

1) 그리스도의 몸 된 교회에는 많은 지체들이 존재하는데 쓸모없는 지체는 하나도 없고, 모든 지체는 다 중요합니다. 왜냐하면 한 몸이기 때문입니다(고전12:12, 고전12:20-21).

2) 성도는 주의 몸 된 교회의 지체로서, 서로 귀하게 여겨 함께 사랑 안에서 세워져 가야 합니다(엡4:15-16, 고전12:22-25).

3) 교회는 주의 몸이며 지체의 각 부분이기 때문에 함께 즐거워하고 함께 고통받습니다(고전12:26-27).

4) 성도는 주의 몸 된 교회의 지체로서 모두 형제입니다. 그러므로 성도

새 언약의 천국 복음

는 육신의 형제보다 영적 형제를 더욱 귀하게 여깁니다(마12:46-50).

5) 파벌과 분쟁을 일으켜서 교회를 혼란하게 하고 분리시키는 것은 사단이 하는 것입니다.

교회는 예수님이 십자가에서 피 흘려 죽으심으로 그 피 값으로 사신 주님의 것입니다. 따라서 분쟁을 일으켜서 교회를 분리하는 것은 그리스도의 몸을 찢는 사단의 행위입니다. 주님의 몸 된 지체들은 교회가 같은 말, 같은 마음, 같은 뜻으로 온전히 하나가 되도록 힘써야 합니다. 그리고 주의 몸 된 교회를 위해 죽도록 충성해야 합니다(고전1:10-13, 고전4:1-2, 계2:10).

6) 교회는 그리스도의 몸으로서 그리스도를 머리로 하여 그리스도의 마음, 곧 하나님의 사랑으로 하나가 되어 사는 하나님의 생명체입니다. 그러므로 그리스도의 몸 된 교회밖에는 구원이 없습니다. 이 말은 주님과 하나 된 자들만이 구원받는다는 것입니다(요17:21-23).

결론적으로 말씀드리겠습니다.

하나님의 영원하신 경륜은 교회를 세우는 것입니다. 예수님이 성전이요 교회의 모델입니다. 그 예수님을 모시고 예수님을 머리로 삼고 주님과 하나 되어 그분의 마음과 생각으로 내 안에 계신 주님의 음성을 들으며 주님과 한 몸 되어 사는 성도가 교회입니다. 그러므로 주님의 몸 된 교회되어 살아야 합니다. 아멘!

안식론

| 본문 | 창2:1-3

안식일 계명은 구약 이스라엘 백성들에게만 주신 계명이 아니라, 오늘날도 지켜야 하는 계명입니다. 왜냐하면 안식일 계명은 영원히 지켜야 할 규례이기 때문입니다.

유대인들은 안식일을 철저히 지키지 않으면 반드시 돌로 쳐 죽였습니다. 그렇다면 오늘날도 안식일을 지키지 않으면 반드시 삶에 저주가 임하여 사업이 망하고, 병이 들고, 죽어야 하는데 실질적으로 이런 일들이 일어나나요? 그렇지 않다면 우리들이 안식일을 잘 지켜서 그런 건가요?

오늘은 참된 안식의 의미는 무엇이며, 오늘날 우리는 안식일을 어떻게 지켜야 하는지를 말씀드리겠습니다(창2:1-3).

1. 안식일 계명은 반드시 지켜야 합니다.

① 안식일을 지키라는 계명은 십계명의 제4계명입니다(출20:8, 11).

② 구약의 안식일에는 농사일(출34:21), 불 피우는 일(출35:3), 나무하는 일(민15:32-36) 등 어떤 일도 해서는 안 됩니다(렘17:21-22).

③ 안식일을 지키지 않는 자는 반드시 죽였습니다(출31:14).

④ 바리새인들은 예수님이 안식일을 지키지 않는다고 예수님을 죽이려 했습니다(마12:9-14).

⑤ 그러나 예수님은 안식일 계명을 비롯하여 율법을 철저하게 지키는 유대인들을 향해 "너희 중에 율법을 지키는 자가 없다."고 말씀하셨습니다(요7:19). 이는 유대인들이 율법에 담긴 하나님의 뜻을 모르고 문자적인 규례로만 지켰기 때문입니다.

2. 하나님이 사람을 창조하신 목적은 무엇일까요?

하나님이 사람을 창조하신 목적은 인간에게 안식을 주시기 위함입니다. 하나님이 창세기 1장에서 천지 만물을 모두 창조하신 후, 일곱째 날을 복되게 거룩하게 하여 안식하셨습니다. 하나님께서 쉬셨다는 것입니다. 안식일은 여섯째 날에 창조된 인간이 처음 맞이하는 날입니다. 하나님은 하나님의 형상으로 만드신 인간을 가장 먼저 안식으로 초대하셨습니다. 그러므로 일곱째 날인 안식일은 창조의 절정(클라이맥스)입니다(창2:1-3).

3. 참안식의 의미는 무엇일까요?

1) 안식일의 주인은 예수님이십니다(마12:8, 눅6:5).

따라서 참안식은 예수님 안에서만 누릴 수 있습니다. 안식일의 실체는 예수님이십니다(골2:16-17). 안식일의 실체가 오셨으니 이제 모형은 필요 없게 되었습니다. 이제는 교회의 머리이신 주님의 일하심이 시작되고, 몸인 교회가 안식일의 주인인 예수님으로 인해 안식을 누리게 되는 것입니다. 우리가 주님과 하나가 되어 주님 안에서 참안식을 누리는 것이 안식일을 지키는 것입니다. 안식일이 하나님과 그의 백성 사이에 영원한 언약의 표징이라고 한 것은 안식일의 주인이신 예수님이 구원받은 자의 영원한 표징이라는 것입니다(출31:13, 16-17).

2) 우리가 그리스도와 하나 되어 머리이신 그리스도의 말씀을 듣고 가르침을 받아 그리스도의 마음으로 살면 내 안에 계신 그리스도께서 일하시고 나는 안식하게 되는 것입니다.

우리를 이렇게 살도록 하시려고 하나님이 쉬시고 예수님이 안식일의 주인이 되신 것입니다(마11:28-30). 성도들은 안식일에 그리스도의 마음으로 주님의 음성을 듣고 가르침을 받아 영과 진리로 예배드리며 기도하고 찬양하며 참안식을 누려야 합니다.

3) 성도는 하루만 안식하는 것이 아니고 날마다 안식하는 것입니다.(롬14:1,5).

믿음에 따라, 어떤 이들은 하루만 안식일이라 하고, 어떤 이들은 모든 날이 안식일이라 합니다. 우리는 안식일의 주인이신 그리스도 안에서 날마다 안식을 누리는 삶을 살아야 합니다. 성도들에게는 모든 날이 안식하는 날입니다. 그런데 주일은 큰 안식일입니다. 주일을 큰 안식일이라 함은 안식일의 주인이신 예수 그리스도께서 부활하신 날이요, 예수 그리스도 안에서 하나님께 예배하는 날이기 때문입니다(출31:15).

결론적으로 말씀드리겠습니다.

1) 안식일의 주인은 예수님이시고, 안식일의 실체 또한 예수님이십니다.

안식일의 실체가 오셨으니 이제는 모형은 필요 없고, 우리가 주님과 하나가 되어 교회의 머리이신 주님께서 일하심으로 인해 몸인 교회가 참안식을 누리게 되는 것입니다. 이것이 안식일을 지키는 것입니다. 안식일이 하나님과 그의 백성 사이에 영원한 언약의 표징이라고 한 것은, 구원받은 자의 영원한 표징은 안식일의 주인이신 예수님이라는 것입니다. 안식의 참의미는 날을 지키는 것이 아니고 안식일의 주인이신 주님을 누리는 것입니다.

2) 안식일을 지키지 않으면 반드시 죽이라는 계명의 의미는 무엇인가요?

율법에서는 사람을 죽였지만 복음에서는 주님과 멀어져 영적인 복을 받지 못한다는 의미입니다.

3) 성도들에게는 하루만 아니라 모든 날이 안식일입니다. 그러나 주일은 큰 안식일입니다. 무슨 의미일까요?

이는 성도들은 모든 날에 주님으로 인해 안식을 누릴 수 있지만, 주일은 안식일의 주인이신 예수 그리스도 안에서 하나님께 예배하는 날이기에 큰 안식일입니다. 할렐루야!

06

거짓 선지자들

| 본문 | 마7:15-23

마24:11-12절에 말세에는 거짓 선지자가 많이 일어나 많은 사람을 미혹한다고 했습니다. 거짓 선지자는 누구인가요? 주님 말씀에 의하면 '노략질하는 이리들'입니다. 그런데 그들이 양의 옷을 입고 행세하기 때문에 미혹당한다는 것입니다(마7:15).

오늘은 불법을 행하는 거짓 선지자들이라는 제목으로 말씀드리겠습니다.

1. 거짓 선지자들은 마귀에게 속아 불법을 행하는 자들입니다.

1) 거짓 선지자들도 주의 이름으로 선지자 노릇을 하며 귀신을 쫓아내고 많은 권능을 행하기도 합니다.

이들은 자기들이 주님과 함께 먹고 마시고 또한 주님께 가르침을 받았다고 착각하고 있으나, 예수님은 이들을 향해 '양의 옷을 입은 이리', '행악자들아, 내게서 떠나가라.'고 말씀하셨습니다. 거짓 선지자들을 구별할 수 있는 방법은 그들이 맺은 열매입니다(마7:15, 마7:20-23, 눅13:25-27).

2) 거짓 선지자들은 불법으로 삽니다.

마귀가 사용하는 불법은 무엇인가요? 성경에서는 두 가지 법을 가르쳐 주고 있습니다. 첫째는 옛사람, 곧 육신의 생명에 주어진 모세의 율법입니다. 둘째는 새사람, 즉 하나님의 생명에 그리스도로 말미암아 주신 그리스도의 율법, 곧 그리스도 예수 안에 있는 생명의 성령의 법입니다(히7:16, 고전9:21). 그리스도 예수 안에 있는 생명의 성령의 법이란 성령의 가르침을 받아 생명 안에서 주의 영광을 보고 그리스도의 마음으로 머리 되신 주님의 음성을 듣고 주님을 따르는 삶을 말합니다(고후3:18).

마귀가 사용하는 불법은 모세의 율법입니다. 모세의 율법은 육신에 속한 계명으로 사람에게만 듣고 가르침을 받아 스스로 사는 법입니다. 불법을 행하는 자들은 모세의 율법으로 사는 자들로서 사람을 통해 하나님의 말씀을 듣고 순종하려고 노력하는 자들을 말합니다.

이 모세 율법의 언약은 예수님이 오셔서 십자가에서 이미 폐하셨습니다(엡2:15, 골2:14, 히10:9). 그러나 마귀는 오늘날도 모세의 율법으로 거짓 선지자들을 통해 많은 사람들을 미혹하여 참된 신앙생활을 하는 것처럼 착각하게 하여 스스로 살게 하다가 결국 사망으로 끌고 가는 것입니다.

2. 거짓 선지자의 특징

거짓 선지자들은 하나님과 예수 그리스도를 모르는 자들입니다.

1) 거짓 선지자들은 천국 복음을 모릅니다.

예수님은 천국으로 오셔서 천국 복음을 전하셨습니다(마4:23). 그러나 불법을 행하는 자들은 다른 복음, 즉 이 땅의 복음, 과거(십자가)와 미래(재림)의 복음만을 전합니다(갈1:7-8). 천국 복음이란 이 땅에서 천국 되어 살다가 영원한 천국에 들어가는 복음(기쁜 소식)입니다. 천국은 현재적이고 미래적입니다. 우리는 이 땅에서 먼저 예수님의 생명으로 예수님과 함께 천국 되어 살아야 합니다. 현재 천국이 되어 사는 자들만이 영원한 천국에 들어갈 수 있습니다.

2) 천국의 비밀을 모릅니다.

① 우리 안에 계신 그리스도가 천국의 비밀입니다(눅17:21, 골1:26-27).

② 내 안에 살아 계신 그리스도로 말미암아 사는 것이 믿음으로 사는 것입니다(갈2:20).

③ 천국의 비밀을 모르면 죄 사함도 없습니다(막4:10-12).

3) 새 언약으로 사는 것과 율법으로 사는 것을 분별하지 못합니다.

① 새 언약으로 사는 것이란, 하나님께서 새 영과 새 마음을 주셔서 새 언약의 중보자이신 예수님의 음성을 듣고, 성령의 가르침을 받아 살게 하는 것입니다.

② 율법으로 사는 것이란, 기록된 말씀을 사람의 말로만 듣고 스스로의 열심으로 사는 것입니다. 육신의 생명과 육신의 마음으로 사는 것입니다.

4) 좁은 문을 알지 못합니다.

① 좁은 문은 생명으로 인도하는 문입니다(마7:13-14). 좁은 문은 생명으로 인도하는 문이고, 구원받을 자가 들어가는 문입니다. 좁은 문은 천국 문을 의미합니다. 거짓 선지자들은 이 문으로 들어가는 것을 모르기 때문에 자기도 들어가지 못하고 다른 사람들도 좁은 문으로 인도하지 못하는 것입니다.

② 좁은 문은 양의 문이신 예수 그리스도 자신입니다. 예수님 자신이 양의 문입니다. 그러므로 양의 문이신 예수님 안으로 들어가야 구원을 받고 꼴을 얻을 수 있습니다. 양의 문이신 예수님 자신이 구원으로 인도하는 천국거의 문이고, 생명으로 인도하는 좁은 문입니다(요10:7, 9).

5) 생명의 성령의 법을 모릅니다.

성령 안에 오신 그리스도 안에서 사는 방법은 그리스도 예수 안에 있는 생명의 성령의 법입니다. 오직 예수 그리스도 안에서 생명의 성령의 법으로 살아야 구원받습니다. 죄와 사망의 법에서 자유롭게 해방될 수 있는 방법은 생명의 성령의 법뿐입니다(롬8:1-2).

6) 주님의 음성을 들을 수 없습니다.

주님의 양은 주님의 생명으로 거듭나서 주님 안에서 주님의 마음으로 주님의 음성을 듣고 주님을 따르는 자들입니다. 이것이 생명의 성령의 법(새 언약, 둘째 것)으로 사는 것이고, 주님은 이러한 자들을 향해 '아신다'고 하십니다(요10:27).

결론적으로 말씀드리겠습니다.

말세에는 거짓 선지자들이 많이 나와 미혹합니다. 거짓 선지자들은 마귀에게 속아 불법을 행하는 자들입니다. 거짓 선지자들도 주의 이름으로 선지자 노릇을 하며 귀신을 쫓아내고 많은 권능을 행하기도 합니다. 거짓 선지자들은 불법으로 삽니다.

이들의 특징은

① 하나님과 예수 그리스도를 모르는 자들입니다.

② 천국 복음을 모릅니다.

③ 천국의 비밀을 모릅니다.

④ 새 언약으로 사는 것과 율법으로 사는 것을 분별하지 못합니다.

⑤ 좁은 문을 모릅니다.

⑥ 생명의 성령의 법을 모릅니다.

⑦ 주님의 음성을 들을 수 없습니다.

그러므로 주의해야 합니다.

새 언약의 천국 복음

07

신자란 예수님처럼 사는 자

| 본문 | 요13:14-15

신자란 어떤 사람인가요? 신자란 예수님처럼 사는 자입니다.

요13:14절에 "내가 주와 또는 선생이 되어 너희 발을 씻었으니 너희도 서로 발을 씻어 주는 것이 옳으니라."고 했고, 요13:15절에 "내가 너희에게 행한 것같이 너희도 행하게 하려 하여 본을 보였노라."고 했습니다.

제자란 스승을 따르는 자를 말합니다. 우리는 예수님의 제자들입니다. 신자란 예수님처럼 사는 자들을 가리킵니다. 예수님은 스승이시지만 본을 보여 따라오게 하셨습니다(요13:14-15). 그러면 예수님은 어떤 삶을 사셨는가요?

1. 예수님은 아무것도 스스로 하지 않으시고 자기 안에 계신 아버지의 말씀대로 순종하셨습니다.

요14:10-11절에 "나는 아버지 안에 있고 아버지는 내 안에 계신 것을 네가 믿지 아니하느냐? 내가 너희에게 이르는 말이 스스로 하는 것이 아니라 아버지께서 내 안에 계셔 그의 일을 하시는 것이라. 내가 아버지 안에 있고 아버지께서 내 안에 계심을 믿으라. 그렇지 못하겠거든 행하는 그 일을 인하여 나를 믿으라.”고 했습니다.

우리도 예수님께서 새 언약을 이루시기 위해서 내 안에 계시다는 것을 믿고, 아무것도 스스로 하지 말고 내 안에 계신 주님의 음성을 듣고 순종해야 합니다.

2. 예수님은 성령을 힘입어 사셨습니다.

마12:28절에 “내가 하나님의 성령을 힘입어 귀신을 쫓아내는 것이면 하나님의 나라가 이미 너희에게 임하였느니라.”

요16:13-14절에 “진리의 성령이 오시면 그가 너희를 모든 진리 가운데로 인도하시리니 그가 자의로 말하지 않고 오직 듣는 것을 말하시며 장래 일을 너희에게 알리시리라. 그가 내 영광을 나타내리니 내 것을 가지고 너희에게 알리겠음이니라.”

갈5:16절에 “너희는 성령을 좇아 행하라. 그리하면 육체의 욕심을 이루지 아니하리라.”고 했습니다.

우리도 성령의 인도를 받으며 살아야 합니다.

3. 예수님은 하나님을 머리로 하고 사셨습니다.

요12:49-50절에 “내가 내 자의로 말한 것이 아니요 나를 보내신 아버지께서 나의 말할 것과 이를 것을 친히 명령하여 주셨으니 나는 그의 명령이 영생인줄 아노라. 그러므로 나의 이르는 것은 내 아버지께서 내게 말씀하신 그대로 이르노라 하시니라."

고전11:3절에 "나는 너희가 알기를 원하노니 각 남자의 머리는 그리스도요, 여자의 머리는 남자요, 그리스도의 머리는 하나님이시라."

엡4:15절에 "오직 사랑 안에서 참된 것을 하여 범사에 그에게까지 자랄지라. 그는 머리니 곧 그리스도라."

골1:18절에 "그(예수 그리스도)는 몸인 교회의 머리라."고 했습니다.

우리도 예수님을 머리로 하고 살아야 합니다.

4. 예수님은 천국 복음을 가르치고 전하셨습니다.

마4:23절에 "예수께서 온 갈릴리에 두루 다니사 저희 회당에서 가르치시며 천국 복음을 전파하시며….".

마28:19-20절에 "너희는 가서 모든 족속으로 제자를 삼아 아버지와 아들과 성령의 이름으로 세례를 주고 내가 너희에게 분부한 모든 것(천국 복음)을 가르쳐 지키게 하라."

막16:15절에 "너희는 온 천하에 다니며 만민에게 (천국)복음을 전파하라."

딤후4:1-2절에 "하나님 앞과 살아 있는 자와 죽은 자를 심판하실 그리스도 예수 앞에서 그가 나타나실 것과 그의 나라를 두고 엄히 명하노니 너는 말씀을 전파하라. 때를 얻든지 못 얻든지 항상 힘쓰라."

예수님의 제자들(사도들)도 천국 복음을 전파했습니다. 우리도 천국 복음을 가르치고 전해야 합니다.

5. 예수님은 사람들에게 천국의 삶을 보여 주셨습니다.

벧전2:21절에 "이를 위하여 너희가 부르심을 입었으니 그리스도도 너희를 위하여 고난을 받으사 너희에게 본을 끼쳐 그 자취를 따라오게 하려 하셨느니라."

마5:16절에 "이같이 너희 빛이 사람 앞에 비치게 하여 그들로 너희 착한 행실을 보고 하늘에 계신 너희 아버지께 영광을 돌리게 하라."

결론적으로 말씀드리겠습니다.

고전11:1절에 "내가 그리스도를 본받는 자가 된 것같이 너희는 나를 본 받는 자가 되라."고 하셨습니다. 내가 그리스도를 본받는 것같이 너희도 나같이 그리스도를 본받는 자가 되라는 말씀입니다.

우리도 사람들에게 예수님처럼 천국의 삶을 보여 주어야 합니다. 그러므로 날마다 빛과 소금과 향기 되어 천국의 삶을 누리시기를, 주님의 이름으로 축원합니다.

08

만물의 마지막이 가까웠으니

| 본문 | 벧전4:7-10

본문 7절에 "만물의 마지막이 가까웠으니"라는 말씀은 '종말이 가까웠다.'는 말입니다. 태초에 만물의 시작이 있었기에 마지막도 있는 것입니다. 종말의 기간은 예수님의 초림 때부터(히1:11), 강림 때까지입니다. 그 마지막은 예수님의 강림인데(벧후3:10), 강림이 가까웠다고 성경은 말씀합니다.

계1:3에는 '때가 가까웠다.'고 했고, 약5:8에는 '주의 강림이 가까우시니라.'고 했습니다. 그러나 주님의 강림의 시기는 천사도 모르고 인자도 모른다고 했습니다(마24:36). 그러므로 마지막 때를 살아가는 성도들은 항상 종말 의식을 가지고 살아가야 되는 것입니다.

그렇다면 사도 베드로는 만물의 마지막 때에 어떤 삶을 사르라고 권면하고 있습니까?

1. 첫째, 기도하라고 했습니다.

본문 7절에 "만물의 마지막이 가까웠으니 그러므로 너희는 정신을 차리고 근신하여 기도하라."고 했습니다. 어떻게 기도해야 합니까?

1) 정신을 차리고 기도해야 합니다.

여기 '정신을 차리라'는 것은 '정신을 안전하게 보전하라'는 뜻입니다. 진리가 아닌 것에 동요되지 말고, 마음을 안전하게 가지라는 의미입니다. 만물의 마지막 때에는 온갖 이단들과 마귀가 성도들을 유혹하여 삼키려고 두루 찾고 다닙니다(벧전5:8). 그래도 우리 성도들의 마음은 동요됨이 없이 안전하게 보장되어야 합니다. 그러므로 정신을 차리고 기도해야 합니다.

2) 근신하여 기도해야 합니다.

여기서 '근신하라'는 말은 '깨어 있으라'는 뜻입니다. 즉, 세상의 것들에 취해서 헤매지 말라는 뜻입니다.

오늘날 세상은 어떠합니까?

① 인간이야말로 모든 문제 해결의 주인이라는 인본주의 세상입니다.

② 물질이면 모든 것이 해결된다고 하는 물질만능주의 세상입니다.

③ 현대과학 지상주의입니다.

④ 육체를 중심으로 하는 쾌락주의입니다.

⑤ 꿈과 환상과 예언을 기록된 하나님의 말씀보다 더 믿는 신비주의입니다.

이러한 잘못된 사상과 이단이 만연되어 있습니다. 우리 성도들은 이런 세상 것들에 취해서 이리저리 헤매어서는 안 된다는 것입니다. 그러므로 깨어서 기도해야 합니다.

2. 둘째, 열심히 서로 사랑하라고 했습니다.

본문 8절에 "무엇보다도 열심히 서로 사랑할지니 사랑은 허다한 죄를 덮느니라."고 했습니다. 말세에는 사랑이 식어져 가는 시대입니다(마24:12). 그러므로 서로 사랑하라고 했습니다. 그 사랑은 어떤 사랑입니까?

1) 우선적인 사랑입니다.

'무엇보다도… 사랑할지니'라고 했습니다. 여기서 '무엇보다도'라는 말은 '모든 것보다도'라는 뜻입니다. 그 모든 것보다도 우선적으로 해야 할 것이 사랑입니다. 즉, 첫째로 요구되는 것이 사랑이라는 말입니다. 고전13:13에 "그런즉 믿음, 소망, 사랑 이 세 가지는 항상 있을 것인데 그중에 제일은 사랑이라"고 했습니다.

2) 서로 하는 사랑입니다.

'서로 사랑할지니'라고 했습니다. 주님께서도 요13:34에 "새 계명을 너희에게 주노니 서로 사랑하라"고 했습니다. 회원들 간의 사랑은 짝사랑이 아닌 서로의 사랑입니다.

3) 열심 있는 사랑입니다.

'열심으로 사랑할지니'라고 했습니다. 벧전1:22에는 "피차 뜨겁게 사랑하라"고 했습니다. 왜냐하면 말세에는 불법이 성함으로 많은 사람의 사랑이 식어지기 때문입니다(마24:12).

4) 허다한 죄를 덮어 주는 사랑입니다.

'사랑은 허다한 죄를 덮느니라.'고 했습니다. 여기서 허다한 죄란 일상생활에서 일어나는 수많은 허물을 말합니다. 그래서 잠10:12절에 "사랑은 모든 허물을 가리어 주는 것이라"고 했습니다. 율법은 허물을 드러내고 정죄하고 서로 상처 주고 상처받습니다. 그러나 복음은 가리어 주고 덮어 줍니다. 왜 상대방의 허물을 덮어 주어야 합니까? 그것은 그리스도의 십자가의 은총 때문입니다. 우리의 허물과 죄를 십자가의 피로 덮어 주었기 때문입니다.

3. 셋째, 서로 봉사하라고 했습니다.

서로 대접하고, 봉사할 때는 어떻게 해야 합니까?

1) 서로 원망 없이 대접해야 합니다.

본문 9절에 "서로 대접하기를 원망 없이 하라."고 했습니다. 여기서 원망은 '불평함, 수군거림'이라는 뜻입니다. 어떤 사람들은 도와주면서도 불평하고, 봉사하면서도, 말씀을 들으면서도 불평합니다. 이러한 마음은 진정한 대접이 아닙니다. 하나님이 기뻐하지도 않습니다.

2) 선한 청지기같이 서로 봉사해야 합니다.

본문 10절에 "각각 은사를 받은 대로 하나님의 각양 은혜를 맡은 청지기같이 서로 봉사하라."고 했습니다. 여기 '은사'라는 말은 은혜를 받은 자에게 봉사와 섬김의 생활을 위해 주어지는 선물입니다. 청지기는 자기의 것이 아닙니다. 하나님의 것을 잠시 맡아 있는 것입니다. 주인의 것을 가지고, 주인의 뜻대로 사랑하고, 대접하고, 섬기고, 봉사하는 것입니다.

우리는 시간의 청지기요, 물질의 청지기요, 은사의 청지기입니다. 모든 것이 하나님의 것입니다. 내 것은 하나도 없습니다. 이것이 청지기의 정신입니다. 하나님의 것을 가지고 봉사하지만 상급이 있습니다(고전15:58). 하나님은 성도가 심는 대로 거두게 하십니다(갈6:7).

결론적으로 말씀드리겠습니다.

만물의 마지막이 가까웠으니 정신을 차리고 근신하여 기도하라고 했습니다. 열심히 서로 사랑하라고 했습니다. 원망 없이 서로 봉사하고 대접하라고 했습니다. 이것이 만물의 마지막을 살아가는 성도의 본분입니다.

우리는 육신이 연약하여 이렇게 살 수 없기에 예수님께서 우리 안에 들어오신 것입니다. 내가 하는 것이 아니라 내 안에 계신 주님이 하게 하시는 것입니다. 내 안에 계신 주님으로 인해 말세 성도의 본분을 잘 감당하는 여러분 되시기를 축원합니다.

09

하나님의 뜻

| 본문 | 살전 5:16-22

성경에 하나님의 뜻은 많이 나와 있습니다. 그중에서 오늘은 본 문에 나와 있는 하나님의 뜻에 대하여 말씀드리겠습니다.

1. 항상 기뻐하고, 쉬지 말고 기도하고, 범사에 감사하는 것 이 그리스도 예수 안에서 우리를 향하신 하나님의 뜻입니다.

1) 항상 기뻐하라

항상 기뻐하는 것이 하나님의 뜻입니다. 왜냐하면 생수의 근원 되신 하나님과 기쁨의 근원 되시는 예수님과 기쁨의 영이신 성령님이 내 안 에 들어와 계시기 때문입니다. 임마누엘의 기쁨, 구원의 기쁨, 죄 사 함의 기쁨, 성령이 주시는 기쁨, 소망의 기쁨 등 항상 기뻐하는 것이 하나님의 뜻입니다. 항상 기뻐하는 것은 천국 백성의 삶의 모습입니다 (빌4:4).

2) 쉬지 말고 기도하라

기도는 성도들의 영혼의 호흡입니다. 그러므로 쉬지 말고 기도하라고 했습니다. 따라서 깨어서 항상 기도해야 하며 시험에 들어 기도가 그치지 않도록 항상 기도에 힘써야 합니다(마26:41, 눅21:36, 롬12:12).

항상 기도하는 것이 우리를 향하신 하나님의 뜻이라고 했는데, 문제는 우리가 육신을 가진 연약한 존재이므로 항상 기도할 수 없다는 것입니다. 또한 기도를 한다 해도 하나님의 뜻대로 하지 않는 기도도 많습니다.

그러나 삼위 하나님이 우리 안에 계셔서 복음으로 살게 되면 우리가 못하는 기도, 잘못 구하는 기도를 성령께서 채워 주시고 도와주십니다. 왜냐하면 우리는 하나님의 뜻에 어긋난 기도를 하더라도 성령께서 하나님의 뜻대로 간구하시기 때문입니다(롬8:26-27, 엡6:18, 유1:20).

3) 범사에 감사하라

나 같은 죄인이 하나님의 자녀가 된 것, 천국 소망을 주신 것, 신앙 생활을 할 수 있는 것, 숨 쉬며 살아 있는 것, 몸을 움직일 수 있는 것, 여러 사람들과 함께라서 외롭지 않은 것 등 감사할 것이 참 많습니다. 우리는 범사에 감사해야 합니다.

감사는 영적 건강의 척도입니다. 스펄전은 촛불을 주신 하나님께 감사하면 등불을 주시고, 등불 주신 하나님께 감사하면 햇빛을 주신다고 했습니다. 감사도 내가 하는 것이 아니라 내 안에 계신 주님께서 하게 하시는 것입니다.

2. 성령을 소멸하지 말라.

소멸이란 타오르는 불에 물을 부어 꺼 버리는 것입니다. 우리 안에 계신 성령은 우리에게 계속 하나님의 뜻을 가르쳐 주십니다. 주님의 말씀을 생각나게 하십니다. 성령께서는 매 순간 감동을 주셔서 회개, 자백, 헌신, 충성, 봉사, 사랑하게 하십니다. 따라서 우리는 성령의 감동을 소멸해서는 안 됩니다. 성령을 쫓아 행하라고 했습니다(갈 5:16).

3. 예언을 멸시하지 말라.

예언은 하나님의 말씀이므로 성령의 감동으로 전하는 대언의 말씀을 멸시하지 말라는 것입니다. 왜냐하면 하나님의 말씀을 멸시하는 것은 그 말씀을 주신 하나님을 멸시하는 것이기 때문입니다.

4. 범사에 헤아려 좋은 것을 취하라.

범사는 '항상'이라는 뜻이고 '헤아린다'는 것은 '분별하다, 테스트해 본다'는 의미입니다. 이는 매사에 서두르지 말고 테스트해 보고 잘 분별하여 좋은 것을 굳게 붙들라는 말씀입니다. '좋은 것'은 육신적인 것이 아닌 '영적인 것, 하나님이 원하시는 것'이라는 뜻입니다.

5. 악은 어떤 모양이라도 버리라.

성경에서의 선과 악의 기준은 하나님의 뜻이냐, 사람의 뜻이냐 입니다. 다시 말하면 하나님의 말씀이냐, 사람의 말이냐는 것입니다. 하나님의 말씀과 하나님의 뜻이 아닌 것들은 그 어떤 종류이든 버려야 합니다. 신앙생활과 교회에 유익하지 못한 것들은 멀리하라는 말씀입니다.

결론적으로 말씀드리겠습니다.

항상 기뻐하고 쉬지 말고 기도하고 범사에 감사하는 것이 그리스도 예수 안에서 우리를 향하신 하나님의 뜻입니다. 성령을 소멸하지 말고, 예언을 멸시하지 말고, 범사에 헤아려 좋은 것을 취하고, 악은 어떤 모양이라도 버리는 것이 하나님의 뜻입니다. 우리는 연약하여 이렇게 살 수 없기에 예수님께서 우리 안에 들어오신 것입니다.

예수님이 천국이십니다. 예수님과 한 몸, 한 성전 되어 날마다 내 안에서 말씀하시는 주님의 음성을 듣고 하나님의 뜻대로 순종하는 삶이 되시기를, 주님의 이름으로 축원합니다.

10

하나님 나라에 들어가는 자

| 본문 | 요3:3-5

성경의 핵심 주제는 하나님의 나라입니다. 복음서에 보면 하나님의 나라에 들어간다, 또는 천국에 들어간다는 표현을 종종 보게 됩니다. 그래서 이 시간에는 복음서를 중심으로 '누가 하나님의 나라, 천국에 들어갈 수 있는가?'라는 제목으로 두 가지 교훈을 살펴보며 은혜를 나누려고 합니다.

1. 성령으로 거듭난 자만이 하나님의 나라에 들어갈 수 있습니다.

예수님께서는 니고데모에게 3절과 5절에서 사람이 거듭나지 아니하면 하나님의 나라를 볼 수도 없고 들어갈 수도 없다고 단언하셨습니다. 그렇습니다. 거듭나야 하나님의 나라에 들어갈 수가 있는 것입니다.

1) 그러면 거듭남(중생)이란 무엇일까요?

오늘 말씀 4절과 5절을 보시면, 이 거듭남이란 아기가 어머니 모태에서 태어나는 육적인 출생과 구별되는 것입니다. 예수님이 말씀하신 거듭남이란 하나님의 영이신 성령에 의해서 하나님의 자녀로 새롭게 태어나는 영적인 출생을 의미하는 것입니다. 거듭나는 중생의 역사는 전적으로 성령께서 하시는 일입니다.

2) 그러면 누가 성령으로 거듭난 자일까요?

예수 그리스도를 영접하고 믿는 자입니다(요1:12-13). 니고데모는 바리새인이면서 유대인의 지도자였으나 성령으로 거듭나는 진리를 알지도 못하였고 경험하지도 못했습니다.

3) 저와 여러분은 거듭나셨습니까?

하나님이 우리를 사랑하셔서 이 땅에 보내주신 새 언약의 중보자이시며, 복음이시며, 생명이신 하나님의 아들 예수님을 믿습니까? 그 예수님께서 우리의 죄를 짊어지시고 십자가에서 죽으시고 장사 지내시고 부활하셨음을 믿으십니까? 승천하시고 우리의 모든 죄를 탕감받게 하신 것을 믿습니까? 우리를 성전 삼고 우리 안에 함께 살기 위해 오순절 날 성령과 함께 다시 오신 것을 믿습니까? 그분이 내 안에 들어오시면 물과 성령으로 거듭나고 새 생명 가운데 거하심을 믿습니까? 그분을 머리 삼고 그분의 마음으로 사는 것이 천국을 누리는 삶인 것을 믿습니까?

이러한 질문에 진실 되게 아멘으로 답을 하신다면, 바로 저와 여러분이야말로 성령으로 거듭난 자인 것입니다. 그러나 교회를 오래 다녀도, 직분을 받아도 그저 형식적으로 종교적인 의무만을 이행할 뿐 예수 그리스도를 영접하지 않은 거듭나지 않은 명목상의 신자들이 얼마든지 있을 수 있습니다. 마치 바리새인이며 유대인의 지도자였던 니고데모처럼 말입니다.

그런데 그렇게 교회를 다니면 아무리 오래 다녀도 결코 하나님의 나라, 천국에 들어갈 수 없다는 것이 예수님의 말씀입니다. 생명이시며 천국이신 예수 그리스도를 내 안에 모시고 천국을 누리지 못하면 영원한 하나님의 나라, 천국에 들어갈 수 없습니다.

2. '주여, 주여' 하는 자마다 다 천국에 들어가는 것이 아니고 하나님 아버지의 뜻대로 행하는 자가 천국에 들어갈 수 있습니다.

1) 마7:21절을 보시면, 예수님께서는 "나더러 주여 주여 하는 자마다 다 천국에 들어갈 것이 아니요 다만 하늘에 계신 내 아버지의 뜻대로 행하는 자라야 들어가리라"고 말씀하셨습니다.

마7:22절을 보시면, 예수님께 주여 주여 하는 자들 중에는 주의 이름으로 선지자 노릇을 하고 귀신을 쫓아내며 많은 권능을 행하였던 자들도 있었습니다.

그런데 예수님께서는 23절에서 마지막 심판의 날에 "내가 그들에게 밝히 말하되 내가 너희를 도무지 알지 못하니 불법을 행하는 자들아 내게서 떠나가라" 말씀하셨습니다. 그리고 결론적으로 "그러므로 누구든지 나의 이 말을 듣고 행하는 자는 그 집을 반석 위에 지은 지혜로운 사람"이라고 말씀을 하시므로, 하나님의 말씀을 듣고 행하는 자가 천국에 들어가는 자임을 말씀하십니다.

그렇습니다. 예수님께서는 그저 앵무새처럼 예수님을 향해 "주여, 주여" 부른다고 천국에 들어간다고 말씀하시지 않았습니다. 아마도 이런 사람들도 나름대로는 성경 지식도 있고 또 예수님을 믿는다고 입술로 고백할 수도 있을 것입니다. 그러나 하나님의 아버지의 뜻대로 행함 있는 진실한 믿음이 아니면 천국에 들어갈 수 없는 것입니다.

2) 하나님의 뜻이 무엇입니까?

하나님의 뜻은 첫째 것을 폐하고 둘째 것을 세우는 것입니다(히 10:9-10). 첫째 언약은 율법이요 둘째 언약은 새 언약입니다. 새 언약은 주님이 내 안에 들어오시겠다는 약속입니다. 율법으로 사는 것이 아니라 새 언약으로 사는 것이 하나님의 뜻입니다. 새 언약으로 사는 것은 내 안에 계신 주님의 생명으로 사는 것입니다. 예수님이 심령에 계시지 않으면 생명이 없습니다. 생명이 없는 자는 결단코 천국에 들어갈 수가 없습니다.

결론적으로 말씀드리겠습니다.

물과 성령으로 거듭난 자만이 천국에 들어갈 수 있습니다. 새 언약 안에서 주님과 한 생명 된 자만이 천국에 들어갈 수 있습니다. 이름이 생명책에 기록된 자만이 천국에 들어갈 수 있습니다. 주님과 함께 날마다 심령 천국 누리다가 영원한 천국에 들어가기를, 주님의 이름으로 축원합니다.

5장   절기 복음

신년 주일

| 제목 | 여호와 닛시

| 본문 | 출 17:8-16.

호사다마(好事多魔)라는 말이 있습니다. 좋은 일에는 방해되는 것이 많다는 뜻의 사자성어입니다.

이스라엘 백성들이 출애굽하여 가나안 땅을 향해 가는 도중 르비딤에서 아말렉이라는 호전적인 세력이 싸움을 걸어왔습니다. 이 싸움은 혈과 육의 싸움이 아니요 영적인 싸움이기에 모세는 기도하였고, 아론과 훌은 그의 기도에 중보하고, 여호수아와 이스라엘 백성은 적들을 물리쳐 승리하였습니다. 그 승리는 여호와의 승리였기에 '여호와 닛시'의 제단을 쌓았습니다.

오늘은 '여호와 닛시'라는 제목으로 말씀드리겠습니다.

1. 하나님의 지팡이(출17:8-9)

1) 아말렉은 에서의 후손입니다(창36:12). 광야에 들어서자 아말렉이 이스라엘을 공격합니다. 어떤 자들이 공격의 대상인가요? 공동체에서 뒤처져 있는 사람들입니다. 공동체의 대열에서 이탈한 자들입니다(신25:17-18).

오늘날 사단도 공동체에서 뒤처져 있는 사람들을 공격합니다. 대열에서 이탈한 사람들을 공격합니다.

2) 모세는 여호수아에게 "사람을 택하여 나가서 아말렉과 싸우게 하라. 내일 나는 지팡이를 손에 잡고 산꼭대기에 올라가서 서겠다."고 명하였습니다. 하나님의 지팡이라 함은 하나님께서 사용하시는 지팡이로, 하나님께서 능력을 행하시는 지팡이란 의미입니다.

2. 모세의 기도(출17:10-13)

1) 모세의 명을 받은 여호수아는 군사들을 거느리고 나가서 아말렉과 싸우는데, 모세와 아론과 훌은 산꼭대기에 올라가 서 있었습니다. 그런데 이스라엘과 아말렉의 전쟁에서 희한한 일이 일어났습니다. 모세가 산꼭대기에 서서 손을 들면 이스라엘이 이기고, 손을 내리면 아말렉이 이기는 것입니다. 이스라엘 승리의 비결은 군사력(군인 수, 전술, 무기)이 아니라 모세가 손을 드는 것이었습니다. 손을 들었다 함은 모세가 중보자로서 기도했다는 의미입니다.

2) 여기서 주목할 것은 모세가 손을 들 때에 맨손을 든 것이 아니라 하나님의 지팡이를 든 손을 들었다는 것입니다. 따라서 이 전쟁의 승패는 여호수아나 모세가 아닌 하나님께 있는 것입니다(삼상17:47).

3) 아론과 훌이 모세의 좌우편에서 모세의 손을 받쳐 주어서 해가 지도

록 모세의 손이 내려오지 않게 하였습니다. 그러자 여호수아는 칼날로 아말렉과 그 백성들을 다 쳐서 죽였습니다. 아론은 모세의 형이요, 훌은 모세의 자형(갈렙의 아들, 미리암의 남편)이었지만 촌수를 떠나 모세와 하나가 됨으로 이스라엘이 승리할 수 있었습니다. 합심기도의 모델입니다.

3. 여호와 닛시(출17:14-16)

1) 여호와께서 모세에게 "너는 이것을 책에 기록하여 기념하게 하고, 여호수아의 귀에 외워 들려주라. 내가 아말렉을 없이하여 천하에서 기억도 못하게 하리라."고 말씀하셨습니다. '기념하라' 는 말은 '하나님의 은혜를 잊지 말고 기억하라'는 의미입니다. 하나님은 이스라엘 백성들이 아말렉과의 전쟁에서 승리한 것을 절대로 잊지 말라고 하셨습니다.

2) 모세는 이곳에 단을 쌓고 단 이름을 '여호와 닛시'라고 하였습니다. 이는 '여호와는 나의 깃발, 여호와는 나의 승리'라는 의미입니다. 산 아래에서 여호수아가 싸웠고, 산꼭대기에서 모세가 지팡이를 든 손을 들고 아론과 훌이 모세의 손을 붙들어 전쟁에서 이겼지만 여호와께서 승리하셨다는 것입니다. 즉, 승리는 여호와께로부터 왔다는 것입니다. 기도 후 오는 결과는 하나님의 응답이므로 모든 영광은 하나님의 것입니다. 모든 영광을 하나님께 돌려야 합니다. 왜냐하면 하나님의 승리이기 때문입니다.

3) 아말렉 족속은 한곳에 머물러 있지 않고 계속 돌아다니는 세력으로, 우는

사자처럼 돌아다니며 하나님의 백성을 대적하는 사탄의 세력의 상징입니다(벧전5:8). 즉, 영적 어둠의 세력인 사탄과 그의 졸개들인 악령(귀신)들의 세력을 대표하는 군단입니다. 우리의 싸움은 혈과 육의 싸움이 아니라 하늘에 있는 악의 영들과의 싸움입니다. 혈과 육으로 싸우면 영적 전쟁에서 패합니다(엡6:12).

4) "여호와께서 맹세하시기를 여호와가 아말렉으로 더불어 대대로 싸우리라 하셨다 하였더라." 하셨습니다. 사단과의 싸움은 영적 싸움이므로, 인간은 하나님의 도우심 없이 사단의 세력을 절대로 이길 수 없습니다. 그래서 여호와께서 아말렉과 영원토록 싸워 주신다고 하신 것입니다.

결론적으로 말씀드리겠습니다.

하나님의 생명을 가진 자들 마음에는 예수 그리스도가 계십니다. 하나님이 쓰시는 자는 성령의 기름 부으심이 함께하십니다. 내 안에 계신 분은 사단의 머리를 깨뜨리시고 부활하신 예수 그리스도이십니다.

따라서 우리가 사단의 세력과 영적 싸움을 할 때, 예수 그리스도의 이름으로 나가면 주님께서 사탄의 세력을 묶거나 차단시키거나 쫓아내십니다. 사탄과의 싸움은 우리가 하는 것이 아니라 하나님이 하시는 것입니다. 그래서 '여호와 닛시'입니다.

오늘은 새해 첫 주일입니다. 사단은 끊임없이 하나님의 복음을 전하지 못하도록, 천국 복음으로 영혼을 구원하지 못하도록 우는 사자처럼 도전할 것입니다. 그러나 결국 하나님은 승리하십니다. 올 한 해 여호와 닛시 승리의 깃발을 휘날리기를, 주님의 이름으로 축원합니다.

02

종려 주일

| 제목 | 예루살렘에 입성하시는 예수님

| 본문 | 마21:1-13

오늘은 종려 주일입니다. 예루살렘에 입성하시는 예수님에 대해서 말씀드리겠습니다.

1. 예루살렘에 입성하시는 예수님

1) 종려 주일은 부활 주일 전, 고난 주간이 시작되는 주일로 예수님께서 십자가의 죽음이 기다린다는 것을 아시면서도 죄인들을 대신하여 십자가를 지시기 위해 예루살렘성으로 올라가신 날입니다.

2) 이때 군중들은 예수님께서 예루살렘성에 올라오시면 이스라엘의 왕이 되셔서 정치적 해방과 경제적 번영을 가져다줄 것임을 믿고 "호산나 다윗의 자손이여, 찬송하리로다. 주의 이름으로 오시는 이여, 가장 높은 곳에서 호산나"를 외쳤습니다. 군중들은 손에 종려나무 가지를 흔들고 길에 펴고 또한 자신들의 겉옷을 길 위에 펴 놓고 예수님을 영접하였습니다.

그러나 예수님은 침묵하셨습니다. 왜냐하면 지금의 호산나 환호성이 며칠 후에는 십자가 처형의 아우성으로 바뀔 것을 알고 계시기 때문입니다. 호산나는 '이제 우리를 구원하소서.'라는 뜻입니다. 종려나무는 키와 잎이 큰 나무로서 승리를 상징합니다. 겉옷은 이스라엘 백성들에게 있어서 겉옷은 생명과도 같은 것입니다. 왜냐하면 잠을 자는 밤에는 그들의 이불이 되기 때문입니다(신24:10-13).

3) 당시 왕이나 개선장군은 백마를 타고 호위병들과 함께 입성했지만, 예수님은 구약의 예언대로 나귀 새끼를 타시고 겸손한 모습으로 입성하셨습니다(슥9:9).

2. 종려 주일에 예루살렘에 입성하신 예수님께서 가장 먼저 하신 일은 성전 정결입니다.

1) 예수님은 성전에서 제물을 매매하는 자들을 내쫓으시고 돈 바꾸는 자들의 상과 비둘기 파는 자들의 의자를 둘러엎으시며 "내 집은 기도하는 집이라 일컬음을 받으리라 하였거늘 너희가 강도의 소굴을 만드는도다."라고 하시며 진노하셨습니다.

당시 대제사장들을 중심으로 종교지도자들은 절기 때마다 성전에서 제물을 비싸게 팔았고, 성전세(세겔)를 환전해 주면서 부당한 이득을 취했습니다. 즉, 이들은 성전에서 절기를 이용해서 돈벌이를 하였던 것입니다. 예수님은 그들을 강도라 하셨고 성전을 강도의 소굴이라고 하셨습니다.

절기 복음   **217**

2) 그렇다면 지금의 성전은 어디인가요?

하나님의 은혜로 구원받은 우리 몸이 성전입니다. 우리를 성전 삼고 오신 주님이 우리 안에 계시면 우리가 교회입니다. 종려 주일에 주님은 성전 된 우리에게 정결을 원하십니다. 우리는 내 스스로 세상적으로 살아서는 안 되고, 머리 되시는 주님의 몸으로써 주님이 주시는 말씀과 가르침을 받아 주님의 마음과 생각으로 살아야 합니다.

3. 종려 주일과 고난 주간에 묵상할 것들이 무엇일까요?

1) 이스라엘 백성들은 정치적 해방과 경제적 풍요를 가져올 메시야를 기다리고 믿었습니다.

나는 어떤 예수님을 원하고 있나요? 내가 왜 예수님을 믿나요? 혹시 나도 세상 부귀와 영화, 성공 등을 이유로 예수님을 믿고 있지는 않나요? 나에게 예수님은 어떤 분이신가요?

2) 이스라엘 백성들은 예수님을 맞이할 때 자신의 가장 소중한 것을 길에 펴 드렸습니다.

나는 나를 위해 십자가 지신 예수님께 무엇을 드릴 수 있나요?

3) 주님이 내 안에 계시기에 내 몸이 성전입니다.

주님은 나의 마음이 정결하기를 원하십니다. 지금 나의 마음이 기도하는 집인가요, 아니면 강도의 소굴인가요? 주님이 나에게 무어라고 말씀하실까요?

4) 종려 주일과 고난 주간은 들뜬 분위기로 지내는 주간이 아니라 주님이 원하시는 것이 무엇인지 헤아리는 주간입니다.

예수님께서 보여 주신 것처럼 겸손한 마음으로 말씀과 기도로 경건 훈련을 하며 십자가의 고난에 동참하는 한 주간이 되었으면 좋겠습니다.

결론적으로 말씀드리겠습니다.

우리는 늘 주님께 사랑을 달라고만 하는데, 주님도 우리의 사랑을 받고 싶어 하십니다. 이번 주간에는 경건 훈련에 방해되는 것, 주님보다 더 사랑하는 것이 무엇인지 생각해서 그것을 단절하고 주님을 더 사랑하는 시간들이 되었으면 합니다. 그리하여 다음 주 부활 주일에 영광의 주님을 만나시길 소망합니다. 고난 주간 한 주간을 복음으로 승리하시길, 주님의 이름으로 축원합니다.

부활 주일

| 제목 | 부활 복음의 핵심

| 본문 | 롬8:11, 고전15:14-19

고난 주간 승리하셨습니까? 오늘은 예수님이 죽은 자 가운데서 살아나신 부활 주일입니다.

고전15:14-19절에 보면 만일 예수님이 부활하지 않으셨다면,

① 우리가 전하는 복음이 헛것입니다.

② 우리의 믿음도 헛것입니다.

③ 우리 모두는 거짓말쟁이입니다.

④ 우리는 여전히 죄에 빠져 있는 소망 없는 자들입니다.

⑤ 믿음으로 살았던 수많은 그리스도인들 모두 다 망한 자들입니다.

⑥ 우리가 세상에서 가장 불쌍한 자들입니다.

오늘은 '부활 복음의 핵심'이라는 제목으로 말씀드리겠습니다.

1. 성경의 핵심 주제는 영생입니다.

① 영생은 하나님이 영원 전부터 약속하신 것입니다(딛1:1-2).

② 예수 그리스도께서 이 세상에 오신 목적도 저를 믿는 자에게 영생을 주시기 위함입니다(요3:16).

③ 성경을 기록한 목적 또한 예수 그리스도를 믿어 영생을 얻게 하기 위함입니다(요20:31, 요일5:13).

④ 우리를 세상에서 불러 주신 것도 영생을 얻게 하기 위함입니다(딤전6:12).

2. 영생이란 무엇일까요?

1) 하나님의 생명이 영생입니다.

아버지께서는 영원한 생명을 예수 그리스도에게(만) 주셨습니다(요5:26). 따라서 영원한 생명을 가지신 예수 그리스도가 내 안에 계셔야 나도 영생을 얻을 수 있습니다(요일5:11-12). 예수님을 믿는다는 것은 예수님을 내 안에 영접하는 것입니다(요2:12).

2) 천국에서 영원히 사는 것이 영생입니다.

하나님의 생명으로 거듭난 성도는 내 안에 계시는 주님의 인도로 천국에 들어가 주님과 함께 영원히 살게 됩니다(딤후4:18).

3) 예수님을 모시고 함께 사는 것이 영생의 시작입니다.

영생의 시작은 영원한 천국에서가 아니라 영생이신 예수님을 내 안에 모시고 살 때부터입니다(요5:24).

3. 삼위 하나님이 우리를 구원하시기 위해 하신 일과 하시는 일과 하실 일

1) 하신 일(과거)

① 예수님은 하나님 아버지로부터 이 세상 가장 낮은 곳으로 보내심을 받았습니다(눅2:10-14). 하나님은 아들 예수를 십자가에서 죽게 하셨습니다(행2:23). 예수님은 이 세상에 오셔서 스스로 살지 않으시고 오직 아버지 뜻대로 사셨고 천국 복음을 전하시다가 십자가에 죽기까지 아버지께 복종하셨습니다(요8:28-29, 마9:35, 빌2:6-8).

② 하나님은 아들 예수를 사망에서 살리셨습니다. 예수님은 하나님의 영(성령)에 의해 부활하셨습니다. 부활절은 하나님이 예수님을 살리신 날입니다. 그런데 이 사실을 믿는다고 그것이 부활 신앙은 아닙니다. 예수님이 부활하신 것처럼 나도 내 안에 계신 성령으로 말미암아 부활할 것을 마음으로 믿고 소망하는 것이 부활 신앙입니다(롬8:11).

③ 하나님은 예수를 하늘 지성소에 올리셔서(승천) 우리의 모든 죄를 탕감해 주신 후, 우리의 구원을 완성하시기 위해 그리스도(영)를 다시 오순절 날 성령과 함께 보내셨습니다(행1:11, 히9:12, 히10:12, 14). 하늘도 올라가신 부활체의 몸은 하늘에 계십니다. 마지막 종말의 때에 장엄하신 모습으로 강림하십니다.

2) 하시는 일(현재)

① 예수 그리스도는 자신을 믿음으로 영접하는 자들과 임마누엘 하십니다(요14:18, 히9:28, 골1:27).

② 내 안에 예수 그리스도가 계신다는 것을 스스로 확신하지 못하는 사람은 구원받은 자가 아닙니다(고후13:5).

3) 하실 일(미래)
하나님은 하나님의 생명이 있는 자들을 다시 살려서 천국으로 인도하시려고 마지막 날에 아들을 심판주로 보내십니다(요6:39-40, 고후4:14).

4. 하나님이 예수님을 부활시키신 이유

① 죄와 사망을 정복하셨다는 확증을 위해서입니다(골2:15).
② 우리의 부활을 예표해 주시기 위해서(첫 열매)입니다(고전15:20, 23).
③ 복음을 전하고 제자를 삼으라는 사명을 위해서입니다(행2:32).
④ 우리 안에 들어오셔서 함께 사시기 위해서입니다(살전5:10).

결론적으로 말씀드리겠습니다.

생명이시며 천국이신 부활하신 예수 그리스도가 내 안에 오셔야 영생을 얻고 천국을 누릴 수 있는 것입니다. 이 땅에서 주님과 한 생명 되어 천국을 누린 자만이 마지막 날에 부활하여 천국에 들어가서 영생의 복을 누리게 됩니다. 이 땅에서 천국 안 되면 영원한 천국에 들어갈 수 없습니다. 내 안에 부활하신 주님이 계셔서 감사합니다. 나도 주님처럼 부활하게 되니 감사합니다. 부활의 복음을 깨닫게 하신 하나님께 영광을 돌립니다. 할렐루야!

04

어린이 주일

| 제목 | 어린아이와 천국 복음

| 본문 | 눅18:15-17

오늘은 어린이 주일입니다. 시인 롱펠로우는 "어린이는 인생의 꽃이다. 18세기는 민중을 발견한 시대이고, 19세기는 여자를 발견한 시기이고, 20세기는 어린이를 발견한 시기이다. 꽃은 봄, 여름에 볼 수 있으나 어린이는 언제나 꽃이다."라고 말하였습니다.

시대가 변하여 어린아이에 대한 시각이 많이 좋아졌지만, 아직도 우리 사회의 문화와 정서상 어린아이들을 어른들과 동등한 지위로 보는 경우는 드문 일입니다. 여러분들은 어린아이에 대해 어떻게 생각하십니까?

예수님 당시에도 제자들을 비롯한 대부분의 어른들은 어린아이들을 무시했지만, 예수님은 어린아이들을 안아 주시고 축복하시며 어린아이와 같지 아니하면 천국에 들어가지 못한다고 말씀하셨습니다(마18:1-3). 어린아이에 담긴 천국 복음에 대해서 말씀드리겠습니다.

1. 옛 언약에서 어린아이의 지위는 어떠했나요?

언약에는 옛 언약과 새 언약이 있습니다. 옛 언약은 시내산에서 맺은 언약, 곧 율법입니다.

1) 옛 언약에서 어린아이는 계수하지 않을 정도로 무시당했습니다(민 1:44-46). 인구를 계수할 때에 20세 이상만 계수했습니다.

2) 예수님의 제자들도 어린아이들을 무시했습니다. 어린아이들이 예수께로 나올 때, 제자들은 꾸짖었습니다(마19:13, 막10:13, 눅18:15). 왜 무시했을까요? 아직 제자들이 옛 언약 아래 있었기 때문입니다.

2. 새 언약에서 어린아이의 지위는 어떻게 바뀌었나요?

1) 새 언약에서는 언약의 대상으로 어른들과 동등하게 인정받았습니다. 하나님께서는 호렙(시내)산에서 옛 언약을 세우셨고(신29:1), 모압 땅에서 새 언약을 약속하셨습니다. 새 언약의 대상은 지도자, 남자 어른은 물론, 유아들, 여자, 나그네, 종들까지 다 포함됩니다(신29:10-15).

2) 어린아이를 영접하면 예수님을 영적하고 하나님을 영접하는 것이라고 하셨습니다(막9:36-37).

3) 어린아이들이 예수님의 구속 사역의 한 부분을 담당하였습니다. 예수님이 예루살렘 성전에 입성하실 때 어린아이들이 예수님을 맞이하며 찬미하였습니다(시8:2, 마21:15-16).

4) 예수님은 어린아이들을 무시하는 제자들을 꾸짖으시며 천국을 말씀하셨습니다. 예수님께서는 천국(하나님의 나라)은 어린아이와 같은 자가 들어간다고 말씀하셨습니다. 천국을 어린아이와 같이 받아들이지 않는 사람은 결단코 들어갈 수 없다고 하셨습니다(마18:1-3, 마19:14-15, 막10:14-16, 눅18:16-17).

3. 어린아이에 담긴 천국 복음

1) 예수님은 하나님 아버지를 머리로 모시고, 아버지 말씀에 전적으로 '예'만 하셨습니다. 예수님은 하나님 아버지 앞에서 스스로 아무것도 행하지 아니하시고, 어린아이처럼 자기 안에 계신 아버지의 말씀대로만 행하셨습니다. 우리도 어린아이처럼 살아야 합니다(고전11:2, 고후1:19, 요8:28, 요12:49-50). 우리도 예수님처럼 내 안에 계신 주님의 말씀만 순종하는 어린아이처럼 살아야 합니다.

2) 하나님 아버지는 어린아이같이 사는 예수님과 자녀들을 기뻐하시며 모든 것을 나타내십니다(요8:29, 눅10:21-22).

3) 어린아이는 자기 스스로 살지 않습니다. 스스로 사는 사람은 어른입니다.

결론적으로 말씀드리겠습니다.

주님과 하나 된 자는 예수님처럼 스스로 아무것도 행하지 아니하고 어린아이처럼 내 안에 계신 주님의 말씀만 듣고 살아야 합니다. 주님을 머리로 모시고 주님 말씀에 전적으로 '예'만 하고 사는 것이 어린아이같이 사는 것입니다.

따라서 주님과 하나 되지 못한 자는 어린아이같이 살고 싶어도 살 수 없습니다. 주님과 한마음 되어 살지 아니하면 어린아이 같이 살 수 없습니다. 어린아이같이 살지 않으면 주님 말씀처럼 천국에 들어갈 수 없습니다. 이것이 어린아이에 담긴 천국 복음입니다.

여러분은 신앙생활에 있어서 어른이십니까, 어린아이입니까?

어버이 주일(1)

| 제목 | 어버이와 천국 복음

| 본문 | 엡 6:1-4

오늘은 어버이 주일입니다. 어버이와 천국 복음에 대하여 말씀 드리겠습니다. 셰익스피어는 "부모님의 음성은 하나님의 음성이다. 왜냐하면 아이들에게는 그들이 하늘의 대리자이기 때문이다."라고 말했습니다.

그렇습니다. 부모님은 하나님의 대리자입니다. 낳아 주시고 길러 주시고 보호해 주시고 공급해 주시기 때문입니다. 어버이에게 담긴 천국 복음의 의미는 무엇일까요?

1. 하나님께서 부모에게 하신 말씀은 무엇인가요?

1) "너희 자녀는 네 자녀가 아니라 내 자녀이다."

하나님의 자녀입니다. 자식은 하나님께서 우리들이 이 세상 살면서 외롭지 말라고 붙여 준 하나님의 선물이요, 기업이요, 상급이라고 하였습니다(시127:3). 그러므로 자식을 내 몸에서 태어난 나의 자녀로 생각하지만 그 이전에 하나님께서 맡겨 주신 하나님의 자녀라고 생각해야 합니다. 그러므로 네 자녀로만 착각하지 말고 함부로 대하지 말아야 합니다. 자식은 하나님이 잠시 맡겨 주신 하나님의 자녀입니다.

2) 자녀를 하나님의 마음으로 사랑해 주어야 합니다.

부모는 자식을 잊을지라도 하나님 아버지는 우리를 잊지 않으시고 사랑하십니다(사49:15). 하나님은 우리를 구원하시기 위해 독생자를 십자가에 죽게 내어 주신 사랑의 하나님 아버지이십니다. 하나님께서 아버지로서 우리를 이렇게 사랑한 것같이 너희도 내 마음으로 자녀를 사랑하라는 것입니다. 하나님의 사랑으로 자녀를 안아 주고 품어 주고 자녀의 필요를 채워 주어야 합니다. 하나님은 우리에게 좋은 것을 주십니다. 그 하나님의 마음으로 자녀에게 좋은 것을 공급해 주어야 합니다(마7:9-10).

3) 오직 하나님의 말씀(복음)으로 양육해야 합니다.

엡6:4절에 "또 아비들아 너희 자녀를 노엽게 하지 말고 오직 주의 교훈과 훈계로 양육하라."고 말씀하셨습니다. 우리 한국은 자녀에 대한 교육 열의가 대단히 높습니다. 그러나 세상 교육으로 지식은 자라지만 영혼은 죽어 가고 있습니다. 그러나 부모가 천국 되어 살며 예수의 생명으로 하나 되어 말씀으로 양육할 때, 자녀들의 영혼이 살고 전인적으로 자라 갈 수 있습니다.

오직 주의 교훈과 훈계로 양육해야 합니다. 이스라엘은 어릴 때부터 자녀들을 교육하였습니다(신6:4-9). 무엇보다도 먼저 부모가 천국으로 사는 모습을 보이며 자녀들에게 천국 복음을 전해 줌으로 자녀들이 예수님와 한 생명 되어 천국을 누리게 해야 합니다.

2. 하나님께서 자녀들에게 하신 말씀은 무엇인가요?

육신의 부모는 이 세상에서 눈에 보이는 하나님의 대리자입니다. 자녀들은 상황이나 환경이나 부모의 모습이 어떠하든 네 부모를 하나님을 섬기듯이 섬겨야 합니다(엡6:1, 출20:12). 부모 공경은 인간관계 이전에 신적 관계에 속하는 것입니다.

하나님은 한 가정을 허락하실 때, 부모를 당신의 대리인으로 세우셨습니다. 그래서 부모를 공경하는 것은 하나님을 공경하는 것과 같다는 것입니다. 실제로 여기에 사용된 '공경하다'는 뜻의 히브리어 '카베드'는 잠언3:9에서 "여호와를 공경하라"는 말로 사용하였습니다.

1) "자녀들아 모든 일에 부모에게 순종하라 이는 주 안에서 기쁘게 하는 것이니라."(골3:20)

자녀들은 모든 일에 하나님께 순종하듯이 모든 일에 부모에게 순종해야 합니다. 그것이 부모님을 기쁘게 하는 것이요, 하나님을 기쁘게 하는 것입니다. 이것은 온전히 주님과 하나 될 때만 가능한 일입니다. 구원받은 생명 되어 주님과 한마음 될 때 가능한 것입니다. 내 안에 계신 예수 그리스도를 머리로 삼고 살 때만이 어린아이처럼 온전히 순종할 수 있습니다.

2) "네 부모를 즐겁고 기쁘게 해 드려라."(잠23:25)

그러나 육신의 방법으로 부모를 기쁘고 즐겁게 하기에는 한계가 있습니다. 부모에게 천국 복음을 전하여 주님과 하나가 되게 하면, 주님께서 네 부모에게 즐거움과 기쁨을 주리라는 것입니다. 천국의 기쁨을 누리게 되는 것입니다.

3) "네가 내 말에 순종하면 내가 약속대로 너에게 상급을 주리라."(엡6:2)

이는 곧 '네가 무엇을 받으려고 부모를 기대하지 말고 하나님께 기대하라. 내가 부모의 마음을 만져야 부모가 너에게 주는 것이다. 만일 부모가 너희에게 줄 것이 없으면 내가 내 방법으로 약속을 지킬 것이다.'라는 의미입니다. 부모가 재산과 유산을 물려줄 수도 있겠지만 그 것도 하나님께서 하셔야 되는 것이요, 네 부모를 공경하라는 말씀에 순종하면 하나님께서 약속하신 대로 상급을 주시고 축복하시겠다는 것입니다.

3. 어버이에게 담겨 있는 천국 복음은 무엇인가요?

자녀는 내 자녀가 아니라 하나님이 맡겨 주신 하나님의 자녀입니다. 그러므로 자녀를 하나님의 마음으로 사랑해야 합니다. 그리고 천국으로 사는 모습을 보이며 하나님의 말씀(복음)으로 양육하여야 합니다. 자녀로 하여금 천국 복음을 깨닫고 예수의 생명과 하나 되고 한 마음 되어 천국을 누리게 해야 합니다.

결론적으로 말씀드리겠습니다.

육신의 부모는 이 세상에서 눈에 보이는 하나님의 대리자입니다. 그러므로 부모를 공경하는 것은 하나님을 공경하는 것과 같습니다.

자녀들은 부모를 즐겁고 기쁘게 해 드려야 하는데, 부모님에게 천국 복음을 전하여 주님과 한 생명 되게 하면 주님께서 네 부모에게 천국의 즐거움과 기쁨을 주리라는 것입니다. 그뿐만 아니라, 하나님의 말에 순종하여 부모를 공경하면 하나님께서 약속대로 상급을 주십니다. 이것이 어버이와 천국 복음의 의미입니다.

여러분의 자녀를 하나님의 자녀라고 생각하십니까? 부모님을 공경하는 것이 하나님을 공경하는 것이라고 생각하십니까?

06

어버이 주일(2)

| 제목 | 네 부모를 공경하라

| 본문 | 엡6:1-3

오늘은 어버이 주일입니다. 부모님의 사랑과 헌신에 대한 깊은 감사와 존경심을 느낍니다. 오늘 제가 목사가 되어 여러분 앞에 설 수 있었던 것은 먼저는 하나님의 선택의 은혜요, 다음은 어머니의 사랑과 기도와 희생의 열매입니다. 한편 부모님의 마음을 아프게 하고, 효도하지 못했던 일들이 마음을 누릅니다.

우리 모두 자녀 된 입장에서 오늘은 '네 부모를 공경하라'는 제목으로 말씀드리겠습니다.

1. 누구를 공경하라고 합니까?

엡6:1절에 "네 부모를 공경하라."고 했습니다. 그러면 우리가 공경해야 할 부모는 누구입니까?

1) 아버지와 어머니입니다(엡6:2).

아버지와 어머니는 나를 낳아 주시고 길러 주신 분입니다. 자녀를 위해 모든 것을 희생한 분입니다. 자녀가 어리고 연약할 때 모든 필요를 공급해 주었습니다. 자녀를 자신의 생명처럼 사랑하는 분이십니다. 오직 자식 잘되기만을 소망하는 분입니다.

2) 노인들입니다(레19:32).

노인들은 인생과 세상 역사의 산증인입니다. 인생의 완숙기입니다. 인생 허무를 다 겪은 후 내세만 소망하는 분들입니다. 젊음을 회복할 수 없는 연약한 분들입니다. 노인들은 외로운 분들입니다. 지금은 노인들이 대접받지 못하고 소외되는 고통의 시대입니다. 노인들은 존경받아야 마땅합니다. 또한 자녀로부터 부양받을 권리가 있습니다. 젊은이들은 반드시 그 앞에 일어서며 머리를 숙여야 합니다. 공경해야 합니다. 높여 드려야 합니다. 그 수고를 알아주어야 합니다.

3) 다스리는 자, 위에 있는 자, 앞선 분들입니다(딤전5:17, 벧전5:5).

교회에서 장로와 목회자는 신앙의 부모가 됩니다. 그러므로 이들에게 순종하고 존경해야 합니다. 목회자를 대적하는 것은 하나님의 명령을 어기는 것입니다. 하나님의 권위에 도전하는 것입니다. 마땅히 순종해야 합니다. 물론 주 안에서 말입니다(롬13:1).

모든 권세는 하나님께로부터 난 것입니다. 나라에 있어서 위정자는 국민의 부모가 됩니다. 학교에서 가르치는 선생도 학생에게는 지식의 부모가 됩니다. 이들은 모두 높이 평가되고 순종하고 그들을 마땅히 존경해야 합니다. 그러나 윤리와 질서가 무너지고 있습니다.

새 언약의 천국 복음

4) 그뿐만 아니라 하나님 아버지이십니다(마6:9).

하나님은 우리 아버지이십니다. 영혼의 아버지요, 목자이십니다. 우리는 그의 자녀입니다. 자녀 된 우리는 하나님을 경외해야 합니다.

2. 어떻게 공경해야 합니까?

공경이란 말은 히브리어로 사람의 내장에 있는 '간장(肝腸)'을 뜻하는 '카베드'라는 단어입니다. 그것은 '무겁다'는 의미입니다. 부모를 공경하라는 말은 부모의 교훈이나 명령을 자기 몸의 간장(肝腸)처럼 소중하게 그리고 무겁게 여기라는 뜻입니다. 또한 어려운 분으로 대하라는 것입니다. 마치 눈에 보이지 않는 하나님을 섬기듯이 하라는 것입니다. 부모를 소중하게 여기라는 것입니다. 그럼 어떻게 부모를 공경해야 할까요?

1) 부모를 경히 여기지 말고 존중해야 합니다(잠23:22).

경히 여기지 말라는 말은 가볍게 여기지 말라, 작게 여기지 말라, 업신여기지 말라는 의미입니다. 부모의 인격을 존중해야 합니다. 부모의 사람됨이야 어떻든 간에 하나님께서 우리에게 주신 부모인 만큼 반드시 부모를 존경해야 합니다.

2) 부모에게 순종해야 합니다(엡6:1, 잠1:8).

순종이란 계속적으로 부모의 의견을 존중하고, 귀하게 여겨 그 뜻을 따르는 것입니다. 육신의 부모에게 순종하는 것은 하나님께 순종하는 것입니다. 문제는 주 안에서 순종하라고 했습니다. 하나님의 진리에 위배되지 않는 이상 순종하라는 것입니다.

3) 부모를 기쁘게 해야 합니다(잠23:25).

어떻게 하는 것이 부모를 즐겁고 기쁘게 하는 것입니까? 바르게 사는 것이 부모님을 즐겁게 하는 것입니다(잠23:24). 지혜로운 자녀는 부모를 즐겁게 합니다. 여호와를 경외하는 자가 지혜로운 자입니다. 신앙의 자녀는 부모를 기쁘게 합니다.

4) 부모의 은혜에 보답해야 합니다(딤전5:4).

부모의 은혜가 무엇입니까? 희생과 수고입니다. 그리고 자녀에 대한 사랑과 교훈입니다. 부모의 희생과 수고와 사랑은 하늘보다 높고 넓습니다. 헤아릴 수 없습니다.

3. 왜 부모를 공경해야 합니까?

1) 옳은 일이기 때문입니다(엡6:1).

옳다는 것은 당연하다는 뜻입니다. 모든 인류 사회가 당연히 지켜야 할 윤리입니다. 우리 마음에 새긴 천륜입니다.

2) 하나님의 계명이기 때문입니다(엡6:2).

새 언약의 천국 복음

약속 있는 첫 계명입니다. 첫 계명이란 성도의 가정생활에서 으뜸가는 계명이요, 사회적 의무와 관련된 계명 중에 으뜸이 되는 계명이란 뜻입니다. 그러므로 반드시 지켜져야 할 하나님의 명령입니다.

3) 부모 공경은 내가 잘되는 축복이기 때문입니다(엡:6:3).

부모 공경은 약속이 보장된 가장 으뜸가는 계명입니다. 여기 약속은 물질적인 약속과 장수의 복입니다. 형통의 축복입니다. 건강의 복입니다. 이 땅에서 복을 받습니다. 오래 사는 복입니다. 반면에 이를 불순종할 때는 저주가 선포되어 있습니다(레20:9, 잠20:20).

결론적으로 말씀드리겠습니다.

우리는 지금 고통의 때에 살고 있습니다. 부모를 거역하고, 업신여기고, 모시려고 하지 않습니다. 노인들을 존경하지도 않습니다. 지도자를 인정하지도 않습니다. 스승에게 도전하기도 합니다. 마음에 하나님 두기를 싫어합니다. 부모가 없는 사회는 혼돈입니다. 권위자가 없는 사회는 무질서입니다.

이런 시대에 주님은 네 부모를 공경하라고 하십니다. 부모를 공경하고, 존중하고, 순종하며, 성심껏 기쁘게 봉양하는 것이 옳은 일이요, 약속 있는 첫 계명이요, 축복받는 길이요, 주님이 원하시는 일이요, 하나님의 명령을 따르는 길입니다.

07

맥추절(오순절)

| 본문 | 레23:15-21

오순절은 무교절과 초막절과 더불어 이스라엘의 3대 절기입니다. 그래서 이스라엘의 성인 남자는 1년에 반드시 세 번 예루살렘에 올라가서 이 절기를 지켜야 했습니다. 그러므로 오순절은 매우 중요한 절기입니다. 오순절은 곧 '칠칠절', '맥추절'이라고도 합니다.

1. 오순절의 기원

오순절이 어떤 절기인지 그 명칭과 시기, 그리고 기원에 대해서 알아보고, 다음으로 오순절을 지키는 방법과 영적인 교훈에 대해서 말씀드리겠습니다.

1) 명칭

① 오순절이라는 절기에는 두 개의 또 다른 명칭이 있습니다. 우리나라의 추석도 한가위라는 별칭이 있듯이, 오순절에는 칠칠절과 맥추

절이라는 별칭이 있습니다. 그러니까, 오순절, 칠칠철, 맥추절은 모두 같은 절기입니다. 오순절이라는 명칭에서 오순은 숫자 '오십(50)'을 가리킵니다. 왜 이런 명칭이 붙여졌을까요? 그것은 15절과 16절을 보면 알 수 있습니다. 본래 오순절이라는 절기는 초실절로부터 오십일을 계수하여 지키는 절기였기 때문에 오순절이라는 명칭을 사용했던 것입니다.

② 칠칠절이라는 명칭은, 역시 15절과 16절을 보면, 초실절로부터 일곱 안식일, 그러니까 7주가 지난 절기라는 것에서 유래한 것입니다. 그러니까 여기서 칠칠은 숫자 7X7을 가리키는 것입니다.

③ 맥추절은 보리가 아니라 밀을 첫 추수해서 바치는 절기입니다. 정리하자면 오순절과 칠칠절은 절기의 시기에 강조점을 둔 명칭이고, 맥추절은 절기의 내용물에 강조점을 둔 명칭으로 구분할 수 있습니다. 사실, 오순절이라는 명칭은 신약 성경에서만 세 번 쓰였습니다. 반면에 칠칠절과 맥추절은 구약성경에서 사용된 명칭입니다. 오순절이라는 명칭을 주로 사용하도록 하겠습니다.

2) 시기

오순절의 시기는 앞서 설명한 바와 같이 초실절로부터 오십 일째 되는 날입니다. 유대달력으로 음력 3월, 그러니까 시반월 중순 정도 됩니다. 양력으로는 6월 중순에 해당하는데, 이때는 가나안 땅에서 밀을 수확하는 시기입니다. 그러므로 오순절은 밀농사의 결과물을 가지고 하나님께 감사하는 일종의 추수감사절인 것입니다.

절기 복음

3) 지키는 방법

① 초실절로부터 50일째 되는 날에, 밀가루 10분의 2 에바(4.4리터)에 누룩을 넣고 구운 떡 두 개를 가져다가 흔들어 곡식 제사로 하나님께 바칩니다. 이때 특이한 점은 무교절과는 달리 떡에 누룩을 넣는다는 점입니다.

② 일 년 된 흠 없는 어린 양 7마리와 어린 수소 1마리 그리고 숫양 2마리를 하나님께 번제로 바칩니다.

③ 숫염소 한 마리로 속죄 제사를 드리고 일 년 된 어린 숫양 두 마리를 가져다 화목제물로 바쳐야 합니다.

④ 오순절에는 성회를 공포하고 어떤 노동도 하지 말아야 합니다.

2. 오순절의 역사적 의미는 무엇일까요?

1) 오순절은 초실절과 마찬가지로 가나안 땅에서 농사해서 수확한 곡식을 가지고 하나님께 감사하며 바친 추수감사절이라는 의의가 있습니다.

2) 전통적으로 유대인들은 출애굽한 이스라엘 백성들이 시내산에서 하나님께 율법을 받은 날이 오순절이라고 이해하고 있습니다.

하나님의 은혜로 애굽에서의 노예 생활로부터 해방된 이스라엘 백성들은 비로소 하나님과 언약을 체결하고 하나님의 언약백성 공동체로서 구별되게 살기 위해서 율법에 따라 순종하며 살겠다는 약속을 다짐했습니다. 오순절은 구원받은 하나님의 백성으로서 율법을 수여받은 매우 중요한 날인 것입니다.

3. 오순절의 영적 교훈은 무엇일까요?

오순절이 예수 그리스도의 생애와 어떤 연관성이 있으며, 신약 시대를 사는 우리들에게 어떤 영적인 교훈을 주는지 알아보겠습니다.

1) 첫째 오순절은 성령님께서 강림하신 역사적인 날입니다(행2장).

오순절에 성령께서 강림하셔서 120명의 성도들이 성령으로 세례를 받고 성령의 충만함을 받았습니다. 그러므로 신약 시대에 오순절은 첫째로 부활하시고 승천하신 예수 그리스도께서 성령과 함께 강림하셔서 "내가 세상 끝 날까지 너희와 항상 함께 있으리라"고 약속하신 것을 성취하신 날입니다.

2) 둘째로, 신약 시대의 오순절은 예수 그리스도의 새 언약의 피로 하나님과 언약을 체결한 신약교회 공동체의 공식적인 출범일이라고 할 수 있습니다.

오순절에 출애굽 한 이스라엘 백성들이 시내산에서 하나님과 언약을 체결하고 율법을 받아 광야교회를 출범하였던 것처럼, 신약교회는 오순절에 성령을 받아 새 언약의 공동체로서 그리스도의 몸 된 교회가 탄생하게 된 것입니다.

3) 셋째로, 구약 시대의 오순절이 밀을 수확하여 하나님께 바치는 추수 감사절이었던 것처럼, 신약 시대의 오순절은 수많은 영혼을 추수하여 하나님께 바친 영적 첫 추수감사절이었습니다.

사도행전 2장을 보면, 오순절에 성령께서 강림하셔서 성령 충만함을 받았던 베드로의 설교를 통해서 한꺼번에 무려 3,000명이 세례를 받고 신자가 되었습니다. 이날 비로소 베드로는 사람을 낚는 어부가 되리라는 예수님의 예언대로 3,000명의 사람을 일시에 수확하는 영혼의 첫 추수를 했던 것입니다.

결론적으로 말씀드리겠습니다.

이와 같은 오순절의 놀라운 구원의 역사가 오늘을 사는 저와 여러분의 삶과 한국 교회를 통해서 주님의 강림이 얼마 남지 않은 이 마지막 시대에 다시 한 번 사도행전적인 오순절의 대부흥의 역사가 일어나기를, 주님의 이름으로 축원합니다.

08

추수감사절

| 제목 | 추수감사와 그리스도

| 본문 | 계14:14-20

한국 교회가 지키는 추수감사절의 유래와 각 나라의 추수감사절의 유래가 있지만, 진정한 추수감사절의 성경적 유래는 수장절(초막절, 장막절)입니다.

1. 구약의 3대 절기는 무엇일까요?

구약 시대의 3대 절기는

① 유월절(무교절, 초실절),

② 맥추절(칠칠절),

③ 수장절(장막절, 초막절)로, 하나님의 백성(남자)들은 필수적으로 일 년에 세 번 절기를 지켜야 했습니다(출23:14-17).

하나님은 '절기를 지킬 때 빈손으로 나오지 말라.'고 하셨습니다. 이는 돈을 가지고 오라는 것이 아니라, 예수 그리스도를 예표하는 제물을 가지고 오라는 말씀입니다.

2. 신약 시대의 우리는 구약의 절기를 어떻게 지켜야 할까요?

주님이 오신 이후에는 세 절기를 그리스도 안에서 복음으로 지켜야 합니다.

1) 지금도 절기를 구약 율법대로 지킨다면, 이는 복음에 무지한 잘못된 행위입니다. 갈4:10-11절에 "너희가 날과 달과 절기와 해를 삼가(율법대로) 지키니, 내가 너희를 위하여 수고한 것이 헛될까 두려워하노라."고 하셨습니다.

2) 구약의 절기는 그리스도의 그림자입니다. 절기의 실체(본체)는 그리스도입니다. 따라서 절기는 반드시 그리스도 안에서 그리스도의 절기로 지켜져야 합니다(골2:16-17). 앞으로 올 것들의 그림자일 뿐이요, 그 실체는 그리스도에게 있습니다.

① 유월절(무교절, 초실절)은 그림자요, 그 실체는 예수님의 초림과 고난과 부활, 즉 고난 주일과 부활절입니다.

② 맥추절(칠칠절)은 그림자요, 그 실체는 예수님이 오순절에 성령과 함께 강림하셔서 교회를 세워 교회를 통한 영혼 구원이 첫 추수인 맥추절입니다.

③ 수장절(장막절, 초막절)은 그림자요, 그 실체는 예수님이 마지막 강림하셔서 하나님의 생명이 있는 알곡을 직접 거두시는 마지막 추수인 추수감사절입니다.

3. 수장절(초막절, 장막절)은 어떤 절기인가요?

수장절은 7월 15일부터 8일간 매일 화제를 드리며, 아름다운 나무 실과와 종려나무 가지와 무성한 나뭇가지와 시내 버들을 취하여 초막을 만들어 즐기는 마지막 추수 절기로서 대대로 지킬 영원한 규례입니다(레 23:33-36, 39-41).

수장절의 특징은 8일간 지키면서 첫날과 마지막 날은 안식하는 절기라는 점입니다. 여기에서 '8'은 천국의 수입니다.

4. 수장절의 영적인 의미는 무엇일까요?

1) 수장절은 계14:14-20절에 나오는 주님의 알곡 구원 마지막 '영적 추수'를 의미합니다. 이는 예수님께서 마지막 심판(추수)을 하시는 말씀으로, 수장절의 실체요 성취입니다. 알곡은 주님이 직접 거두시고, 가라지는 천사를 통해서 심판하십니다. 알곡은 거두어 천국으로 인도하시고, 가라지는 거두어 지옥 불에 던지는 마지막 구원 심판입니다.

2) 일천 육백 스다디온은 이스라엘 북단에서부터 남단까지의 거리로서, 이스라엘 전체를 말할 때 사용되는 상용구입니다. 즉, 이스라엘 전체의 심판은 온 인류의 심판을 상징하는 것입니다.

3) 구약의 수장절은 주님이 마지막 날 강림하셔서 나를 알곡으로 인정하

시고 천국으로 인도하여 영생복락 하는 것의 그림자였고, 알곡으로 천국에 올라가 영생복락 할 것을 사모하고 감사하는 것이 실체입니다.

결론적으로 말씀드리겠습니다.

알곡은 하나님의 생명이 있는 성도를 가리킵니다. 하나님의 생명은 예수님 안에만 있습니다(요5:26). 따라서 우리가 하나님의 생명을 가지려면 예수님이 내 안에 계셔야 합니다(요일5:12). 이들은 하나님의 생명책에 기록되었기에 불못(지옥)에 떨어지지 않습니다(계20:15).

우리는 이 세상의 눈에 보이는 것과 관계없이 나 같은 죄인이 하나님의 은혜로 천국 복음을 깨달아 구원받고, 예수님이 내 안에 계시므로 하나님의 생명을 갖게 하신 것과 그로 인해 알곡으로 추수되어 천국에 갈 수 있다는 것만으로도 감사할 이유는 충분합니다.

또한 지혜와 지식의 모든 보화를 갖고 계신 그리스도를 모시고 복음으로 살게 하시는 것도 감사하고, 새 언약의 천국 복음의 일꾼으로 삼아 주신 것도 감사합니다. 이것이 추수감사절의 영적인 의미입니다.

09

성탄절

| 제목 | 나의 정한 날

| 본문 | 말4:1-3

오늘 본문은 구약의 마지막 선지자 말라기(주전 460년)는 하나님께서 정하여 놓으신 한 날을 예언했습니다. 그는 하나님께서 정하여 놓으신 그날에 일어날 영광의 사건을 예언하고 있습니다.

우리는 멀리 있는 산을 바라보면, 앞에 있는 가까운 산과 중간에 있는 산과 아주 멀리 있는 산이 겹쳐 보입니다. 이와 마찬가지로 말라기 선지자는 앞으로 도래할 한 날을 바라보고 예언하였는데, 이는 예수님의 탄생과 성령과 함께 영으로 오시는 오순절 날과 인류 종말의 때에 예수님께서 강림하실 날을 바라보며 예언한 것입니다.

그럼 '나의 정한 날'은 어떤 날일까요?

1. 극렬한 풀무의 날, 심판의 날이라고 했습니다(말4:1)

여기 '극렬한 풀무불'이란 그 어느 풀무불보다 더 뜨거운 불을 의미합니다(단3:20). 이것은 하나님 자신의 심판을 의미하는 말입니다. 시편 기자 아삽은 '강처럼 흘러나오는 불'이라고 했습니다(시50:3). 이사야 선지자는 '맹렬한 화염이 회오리바람에 불려오는 수레들 같다.'고 했습니다(사66:15). 사도 바울과 베드로는 그 심판의 불이 얼마나 두려운가를 말했습니다(고전3:13, 벧후3:7-10). 이 극렬한 풀무의 날은 어떤 날일까요?

1) 도래하고 있는 날이라고 했습니다.

그것은 과거가 아니라 미래의 날이라고 했습니다. 모든 인류가 맞이해야 할 날이라고 했습니다.

2) 악인 심판의 날이라고 했습니다.

교만한 자와 악을 행하는 자는 다 초개같이 되고 말 것이라고 했습니다. 마르고 말라 불태움을 당하는 풀같이 되고 말 것이라는 뜻입니다. '그 뿌리와 가지를 남기지 아니하리라.'고 했습니다. 이는 완전 심판, 완전 멸망을 의미합니다.

3) 그날은 하나님께서 정하여 놓으신 날이라고 했습니다(말3:17, 말4:3).

하나님께서 정하여 놓으신 그날을 인간은 부정하거나 거역할 수 없다는 뜻입니다. 이것은 바로 예수 그리스도의 성육신과 강림 사건이 불신자들에게는 풀무불 같은 심판의 날이 될 것입니다. 이유는, 빛이 어두움을 심판하기 때문입니다.

새 언약의 천국 복음

2. 의로운 태양의 날이라고 했습니다(말4:2).

의로운 해는 예수 그리스도를 비유한 예언입니다. 예수님은 큰 빛, 참빛, 세상의 빛이십니다(사9:2, 요1:9, 요8:12). 그럼 의로운 태양의 날은 어떤 날일까요?

1) 믿는 자의 날이라고 했습니다(말4:2).

내 이름을 경외하는 너희는 그 이름을 영접하는 자, 하나님의 자녀를 뜻합니다(요1:12). 의의 태양은 구원받기로 작정된 하나님의 백성들에게 광명을 가져오는 빛이 됩니다. 예수 탄생은 모든 신자들이 맞는 축복의 새날 신기원의 날입니다.

2) 아침을 맞는 날이라고 했습니다(말4:2).

'떠오른다' 함은 밤을 물러가게 하고 밝은 아침을 도래시키는 분기점을 의미합니다. 이것은 예수 그리스도의 성육신을 뜻합니다. 그의 탄생은 새로운 역사의 분기점이 되었습니다. 주전(B.C)와 주후(A.D)의 분기점이 되었습니다. 주전(B.C)은 어두움이요, 주후(A.D)는 아침을 의미합니다. 예수 그리스도의 탄생은 그리고 떠오르는 태양은 밝은 아침을 의미하고 있습니다.

3) 구원 은총을 체험하는 날이라고 했습니다(말4:2).

치료하는 광선을 발하여 예수 그리스도로 말미암아 구원과 갱신이 나타나는 것을 의미합니다. 소경이 빛을 보게 되는 은총입니다. 앞은뱅이가 일어나는 은총입니다. 벙어리의 혀가 풀리는 은총입니다. 죽은 자가 다시 살아나는 은총입니다. 무엇보다 죄와 사망에서 해방을 얻는 사유의 은총을 의미합니다. 예레미야는 이 사실을 가리켜 렘 30:17절에 "내가 너를 치료하여 네 상처를 낳게 하리라."고 했습니다. 의의 태양은 죄를 치료하는 광선이었습니다. 죄의 결과인 사망을 태워 버리는 생명의 광선이었습니다. 성탄은 아침이요, 성탄은 치료의 날입니다.

4) 충만한 자유와 희망의 날이라고 했습니다(말4:2).

"너희가 나가서 외양간에서 나온 송아지같이 뛰리라"고 했습니다. 이것은 예수 그리스도의 탄생으로 말미암아 평화의 새 아침을 맞고, 온갖 죄와 사망의 고통에서 치료를 받은 결과 나타나는 큰 기쁨과 자유를 한없이 즐거워하는 환희의 모습을 의미하는 것입니다. 죄악을 벗은 우리 영혼이 기뻐 뛰며 주를 찬송하는 영적 환희를, 어둠 속에서 웅크리고 있던 송아지들이 달려 나와 뛰노는 것에 비유하였습니다.

5) 승리의 날이라고 했습니다(말4:3).

예수님의 탄생과 강림으로 말미암아 생명의 빛을 받고 기뻐하는 신자들이 세상을 이기고 사망을 이길 왕자적 승리 생활을 예언한 것입니다. 악인을 발로 밟아 재와 같게 하는 성도들의 완전승리를 의미합니다. 그것은 악인들의 완전 멸망을 의미합니다(시49:14, 시107:42). 주님은 자신이 세상을 이겼다고 했습니다(요16:33). 우리는 세상을 이길 것이라고 했습니다. 세상을 이기는 것은 우리의 믿음이라고 했습니다

(요일5:4-5, 롬8:35-37). 성탄과 강림은 승리를 보장하는 개선의 아침입니다.

결론적으로 말씀드리겠습니다.

나의 정한 날! 그것은 하나님 자신께서 계획하신 날입니다. 그의 기쁘신 뜻대로 정하신 날입니다. 바로 의의 태양이신 예수 그리스도께서 탄생하신 날입니다. 성탄의 날입니다. 그것은 바로 불신자들에게는 심판이 시작되는 날입니다.

예수님은 이 땅에 세 번 오십니다. 첫째는 초림으로 오셨고(탄생), 둘째는 성령과 함께 영으로 오순절 날 오셨고, 셋째는 종말의 때에 강림하실 것입니다. 초림은 과거요, 영으로 오셔서 내 안에 들어오신 예수님은 현재요, 강림하실 주님은 미래 일인 것입니다.

성탄절을 맞이하여 과거 초림에 머무르지 말고, 내 안에 영으로 오신 예수 그리스도와 한 생명 되어 날마다 천국의 기쁨과 감격을 누리며, 강림하실 주님을 사모하며 기다리는 여러분들이 되시기를 주님의 이름으로 축원합니다.

10

송년 주일

| 제목 | 모두 잊어버립시다

| 본문 | 빌3:12-14

또 한 해가 저물어 갑니다.

본문에서 사도 바울은 뒤에 있는 것은 잊어버린다고 했습니다. 이 말은 기억하지 못한다는 뜻이 아니라, 지난 일에 얽매이지 않는다는 의미입니다. 즉 지난 일에 대해 연연하지 않고, 과거의 일 때문에 오늘 영향을 받으며 살지 않고, 그저 앞만 바라보고 갈 뿐이라는 고백입니다.

실패했던 것을 잊지 못하면 우울해지고 무기력해지며, 반대로 잘했던 일, 성공한 것을 생각하면 우쭐대고 교만해지는 나약한 존재가 우리 인간입니다. 따라서 밝았던 날이든 어두웠던 날이든 지나온 일에 대해서 얽매이지 않는다는 고백은 얼마나 멋있고 아름다운 고백인지 모릅니다.

그러면 우리가 잊어버려야 할 일들은 무엇일까요?

1. 좋지 못한 기억들을 잊어버려야 합니다.

먼저 하나님께서는 우리가 가진 좋지 못한 기억들을 잊어버리기 원하십니다. 실패했던 일, 우리를 슬프게 했던 일, 그리고 우리를 실망스럽게 했던 일, 어둡고 긴 고통의 터널, 그래서 잊어버릴 수 없는 상처, 이런 것들을 잊어버릴 수 있는 은혜 주시기를 원합니다.

1) 바울 사도는 성령의 사람이었습니다. 하나님의 사람이었음에도 불구하고 그에게는 결코 좋은 일만 생기지는 않았습니다.

옥에 갇히기도 했었고, 베드로와 오해가 생기고 알력이 생기기도 했으며, 사랑하는 제자 데마가 세상을 사랑하여 자신의 곁을 떠남으로써 받은 상처, 초기 바울 사역의 오른팔 역할을 감당했던 알렉산더의 배신, 바울이 목회할 때는 부흥했던 교회가 바울이 떠남으로 인해 유대주의로 돌아가 버린 일, 자신이 개척한 교회에서 무시당했던 일 등 바울을 괴롭게 했던 일들이 많았습니다.

하지만 바울은 자기가 행했던 일, 뒤에 있던 일들을 잊어버린다고 고백했습니다. 이것이 그에게 주셨던 하나님의 은혜입니다.

2) 바울과 마찬가지로 우리 역시 지난 한 해를 돌이켜 보면, 감사한 일, 즐거운 일도 많았지만 실망스럽고 고통스러운 일들이 많았습니다. 국가적으로, 가족 간에, 이웃 간에, 직장이나 사업에서 어려운 일들을 겪었습니다. 교회 안에서 신앙생활을 하면서도 상처받은 일이 있을 수 있습니다.

하지만 이제 주님의 은혜 안에서 다 잊어버립시다. 그런데 어떻게 이런 잊어버리는 은혜를 입을 수 있습니까? 바울은 앞에 있는 것을 잡기 위해, 주님이 부르신 그 부름의 상을 얻기 위해 푯대를 향하여 쫓아갔기 때문입니다. 이는 우리에게 분명한 목표가 있을 때에 지나간 좋지 못한 기억들을 잊을 수 있음을 의미합니다.

2. 좋았던 일도 잊어버려야 합니다.

우리는 좋았던 일도 잊어버리는 것이 좋습니다. 성공한 것, 잘했던 일들, 자랑거리가 어느 누구에게나 있을 수 있습니다. 하지만 여기에 얽매여서는 안 됩니다. 왜냐하면 그것 때문에 만족하고 도취되어 살다 보면 목표를 잃어버리고, 더 높은 목표를 향해 나아갈 기회를 놓쳐 버릴 수 있기 때문입니다.

1) 사도 바울 역시 자랑거리가 많았습니다.
난 지 8일 만에 할례를 받았습니다. 순수한 아브라함의 혈통이며, 베냐민 지파에 속한 사람이었고, 바리새파 사람이었습니다. 율법적으로도 흠 잡힐 것 없는 사람이었고, 학문적으로도 가말리엘의 수제자였습니다. 로마 시민권을 가지고 있었으며, 특수층에 속한 사람이었습니다.

그러나 바울은 그 모든 것을 배설물로 여긴다고 고백하고 있습니다. 왜냐하면 그리스도를 아는 지식이 가장 고상하기에, 그리스도를 알고 그리스도에게 인정받기 위해서 그 모든 것을 버렸기 때문입니다.

2) 하나님께서 잘했던 것, 좋았던 것도 바울처럼 잊어버리고, 예수 그리스도를 아는 지식을 가장 고상하고 귀한 것으로 여기며 살아가는 은혜를 주시기를 원합니다.

그리스도인들은 과거의 잘못은 잊어버리고, 현재 내 안에 계신 주님께 초점을 맞추고, 내 안에서 말씀하시는 주님의 음성을 들으며, 미래에 천국에서 받을 상급에 관심을 집중시켜야 합니다. 즉 미래 지향적이고, 그리스도 지향적인 삶을 살아야 합니다.

3. 하나님이 부르신 부름의 상을 위해 달려가야 합니다.

과거에 매여서 현실을 바로 보지 못하고 꿈속에 산다면 무슨 발전이 있습니까? 이런 사람을 '쉰 세대'라고 합니다. 신세대는 어떤 사람입니까? 미래를 꿈꾸는 사람입니다.

본문에서 바울은 오직 목표를 향해 앞에 있는 것을 잡으려고 하나님이 부르신 부름의 상을 얻기 위해 달려간다고 고백합니다. 바울이 푯대를 삼은 위에서 부르신 부름의 상은 무엇일까요? 첫째 부활에 참예하여 천년왕국에 들어가는 것입니다. 이것은 우리가 받을 상이요, 우리의 푯대입니다. 푯대가 분명하기에 선을 행하다가 낙심하지 말아야 합니다(갈6:9).

결론적으로 말씀드리겠습니다.

한 해가 저물어 가는 이 시간, 지나간 좋지 못한 기억들을 잊어버립시다. 좋았던 일도 잊어버립시다. 하나님이 부르신 부름의 상을 위해 달려갑시다. 사도 바울이 푯대로 삼은 것은, 첫째 부활에 참예하여 천년왕국에 들어가 그리스도로 더불어 천 년 동안 왕 노릇을 하는 것입니다.

예수님은 천국이십니다. 예수님은 내 안에 계십니다. 내 안에 계신 예수로 말미암아 밝아 오는 새해에도 날마다 심령 천국 누리며, 영원한 천국에서 면류관 받아 쓰고 그리스도와 함께 왕 노릇 하기를, 주님의 이름으로 축원합니다.

새 언약의 천국 복음